一页纸备考法

考试前大量记忆的学习法

[日] 棚田健大郎 著

丁楠 译

絶対忘れない「紙1枚」勉強法

清华大学出版社

北京

北京市版权局著作权合同登记号　　图字：01-2023-1620

TAIRYO NI OBOETE ZETTAI WASURENAI "KAMI 1 MAI"BENKYOHO
by Kentaro Tanada
Copyright 2022 Kentaro Tanada
Simplified Chinese translation copyright 2023 by Tsinghua University Press Ltd.
All rights reserved.
Original Japanese language edition published by Diamond, Inc.
Simplified Chinese translation rights arranged with Diamond, Inc.
through Shanghai To-Asia Culture Communication Co., Ltd

图书在版编目（CIP）数据

一页纸备考法：考试前大量记忆的学习法 /（日）棚田健大郎著；丁楠译 . —北京：清华大学出版社，2023.6
ISBN 978-7-302-63752-3

Ⅰ. ①一… Ⅱ. ①棚… ②丁… Ⅲ. ①学习方法 Ⅳ. ① G791

中国国家版本馆 CIP 数据核字 (2023) 第 104030 号

责任编辑：顾　强
装帧设计：方加青
责任校对：王荣静
责任印制：宋　林

出版发行：清华大学出版社
　　　　　网　　　址：http://www.tup.com.cn，http://www.wqbook.com
　　　　　地　　　址：北京清华大学学研大厦 A 座　　邮　　编：100084
　　　　　社 总 机：010-83470000　　　　　　　　邮　　购：010-62786544
　　　　　投稿与读者服务：010-62776969，c-service@tup.tsinghua.edu.cn
　　　　　质 量 反 馈：010-62772015，zhiliang@tup.tsinghua.edu.cn
印 装 者：艺通印刷（天津）有限公司
经　　销：全国新华书店
开　　本：130mm×185mm　　　印　　张：6.125　　字　　数：101 千字
版　　次：2023 年 7 月第 1 版　　印　　次：2023 年 7 月第 1 次印刷
定　　价：59.00 元

产品编号：098884-01

前言

能让你大量记忆且绝对不会忘记的
"一页纸学习法"

首先感谢你翻开这本书。

请问你选择这本书的初衷是什么呢？

"对将来感到不安，但是不知道能做什么。"

"工资太少，存不下钱，怎么办？"

"为了资格考试努力过一阵子，后来放弃了。"

不要紧，请大家放心。本书将介绍一种全新的学习方法。有了这种方法，哪怕是和我一样不擅长学习、做事三天打鱼两天晒网的人，也可以做到坚持学习。

1. 边工作边自学，3 年取得 9 项资格！

大家好，我是棚田健大郎。身为一名房地产顾问，我的工作是对房地产的取得、处理、管理及投资提供建议，同时运营着一个 YouTube 视频账号。

在本书中，我将向大家介绍一种**能够让人"记住大量知识又不会忘记"的特殊学习方法**。之所以写这样一本书，是因为我希望有更多人能"通过学习改变人生"。到目前为止，我已经取得了以下 9 项资格：

（1）行政书士；

（2）房地产交易人；

（3）公寓管理人；

（4）管理业务主任；

（5）商业法务专家；

（6）二级理财规划师；

（7）出租物业经营管理人；

（8）老年·财产继承顾问；

（9）保证金评估师。

这些资格是我在 **3 年里，利用工作之余完全靠自学取得**

的。能取得这样的成绩，并非因为我擅长学习，我的最终学历是职业学校。

这些考试也并非都是一次通过的。最初在考取房地产交易人资格时，尽管我学得非常努力，但还是失败了一次。

2. 努力了一年却失败了，为什么？

当时我还是个"上班族"，每天忙于工作，没有时间上学习班。因此，我的目标是靠自学通过考试。

我每天下班后都要学习 3 个小时，但最终还是以一分之差失败了，没有取得房地产交易人资格。

虽然备考时我认真做到了以下 3 点：

（1）完成了历年的真题；

（2）熟读并掌握了参考书里的内容；

（3）记忆时采用了"影子跟读法"（听录音后马上复读）。

然而，一年的努力并没有换来考试成功。我当时的心情难以言表，感觉所有努力都被否定了。

3. 不擅长学习的人如何备考？

投入了大量时间却没有考过，问题一定出在方法上。 那些能把学习方法写成书的人，还有资格考试的讲师，全是高学历、高智商的人。像我这样既不会学习又没有高学历的人，也许并不适合他们的方法。如果能找到一种适合后者的学习方法，一定能造福很多人。

为了能在未来一年里学有所获，我决定以自己为实验对象，创造出一套逢考必胜的学习方法。

这套方法的理念是"人人适用"，并且必须保证"任何人使用它都能通过考试"。为此，它必须同时满足"完全依靠自学"和"边工作边学习"这两个需求，否则就谈不上人人适用了。

4. 一旦记住就不会忘记的学习方法

总结以往的学习方法，我得出一个结论：**"只要擅长记忆，就能通过考试。"**

考试不及格，是因为做错了题，而在大多数情况下，做错题是因为记不住那些能让我们得出正确答案的知识点。

只要"有计划地"复习，就不会忘记！

图 1　一种让人"绝对不会忘记"的学习方法

除了司法考试这类难度极高的考试，一般资格考试的考点，并没有多到记不过来的程度。**仍然考不过，是因为"学过又忘记了"**。换句话说，只要能做到"不忘"，任何人都有机会通过考试。

因此，如果能找到一种方法，**让学过的东西一直到考试那天都"不被忘记"**，就能在这个基础上创造出人人适用的学习法。

在这个关键问题上，我借鉴了某位落语家① 在背诵落语时使用的记忆法。

方法其实很简单。既然要做到不忘，"在即将忘记时重

---

① 落语是日本的传统曲艺形式之一，与中国的传统单口相声类似。落语家即专门从事落语演出的人。——编者注

V

新回想起来"就好了。在这句话的启发下，我想出了"一页纸学习法"。

需要用到的只有一张纸和一支笔（详见第 1 章）。

（1）一旦记住就绝对不会忘记；

（2）合理的日程规划，让学习效率大幅提升；

（3）"可见"的学习进度，防止学习动力中断。

这套方法不仅适用于资格考试，在备战高考和公务员考试时，以及在平时的学习中（如英语、历史等需要大量记忆的学科）也能发挥出极佳的效果。

5. 有工作、没有时间学习也不要紧！

对于有意参加资格考试的人来说，"没有时间"是一道难以逾越的高墙。

一旦被工作和家务拴住，就算有心想要"努力学习考取资格"，也会因为担心"每天能用来学习的时间太少""没有时间去上学习班"而犹豫不决。

不要紧，**工作、家务和备考是可以多管齐下的。**

以我为例，我就是在工作最忙的那几年，仅靠市面上的习题集和参考书，在完全自学的情况下取得了 9 项资格。究其原因，我在备考时主要做到了以下 3 点：

（1）真题"学透"（以参考书为辅助教材）；

（2）每天保证 2~3 小时的学习时间（听觉学习法）；

（3）做好动力管理，确保学习质量。

这 3 点将在后面的章节中详细说明。只要按照书中的方法去实践，即使"忙得没有时间学习"，也能靠自学通过考试。

"每天都忙得不可开交""挤不出时间来学习"——如今阻挡在你面前的高墙并非不可逾越，你需要的只是一套巧妙的方法。

6. 更多临考前的小技巧

本书还收录了我在实践中总结出来的**"考前 6 个月、考前 2 个月及考前 2 周的最高效学习法"**，以及**"考试当天拔高分数的 10 个小技巧"**。对于想要"在职备考""全靠自学""一次通过"的考生来说，这些方法和技巧同样不可或缺。

本书是我编写的第一本书。书中凝聚了我全部的经验。在此，我衷心祝愿所有拿起本书的人都能通过学习改变人生。

本书作者

目 录

第 2 章　靠"边做事边学习"实现大量记忆！掌握听觉学习法！

第3章　做好动力管理，避免三天打鱼两天晒网

第 4 章 考前 6 个月、考前 2 个月及考前 2 周的最高效学习法

第 5 章 考试当天拔高分数的 10 个小技巧

第6章　我的资格考试经验谈——如何同时准备多项资格考试

后记　改变我人生的恩人

引言

为什么我要在工作之余取得9项资格

"年轻人，你怎么一张证书也没有？" 社长的一句话改变了我的人生

"职业资格这种东西，没必要特意去考吧。"

这是我以前在某房地产上市公司担任顶级销售时的想法。就算不持有职业资格，业务能力够强照样能升职，有什么问题呢？

不过，以与一位社长交换名片为契机，曾经秉持"证书无用论"的我，如今已持有 9 项职业资格。

"年轻人，你怎么一张证书也没有啊！"

当时我离开了上市公司，开始经营一家面向中小房地产企业经营者的咨询公司。经过无数次自我推销，终于有一位社长同意了面洽。上一段那句话，就是他见到我时的感想。

1. 离开大公司以后的发现

在上市公司任职时，我的业绩有目共睹。这种共识自动提升了我的信誉，也让我的发言具有说服力。但是当我离开公司，进入外界的大环境时，我开始不断碰壁。长久以来轻

视职业资格、就职后便与学习断绝了关系的我，才认识到职业资格的重要性。

一个人如果拥有房地产交易人的资格，无须列举业绩，只需出示名片，便可以获得他人的认可；如果拥有公寓管理人的资格，也会被自动认为对相关法律了解甚详。

在方便获得他人认可这件事上，职业资格可谓是那件"最重要的工具"。

2. 一些工作需要持证上岗

房地产交易人，是指通过了相关国家资格考试的从业人员。日本法律规定，每家不动产公司都应配备至少一名房地产交易人，也只有房地产交易人有资格担任"重要条款说明"的工作。由于重要条款说明是签署租赁或买卖合同时的必要程序，房地产交易人被视为不动产交易中不可或缺的角色。

以前在公司里业绩领先时，由于我不是房地产交易人，无法对重要条款进行说明，这项工作总要交给有资格的人来做。或许因为大部分的顶级销售员都不具这项资格吧，我从未认识到取得该资格的重要性。

也许有人会说，"能用上房地产交易人资格的机会总共也没多少"。其实并非如此。不可否认，房地产交易人资格的持有者相比其他国家认可的资格人数要多。截至2020年度末，日本已有超过52万人取得了该资格。不过，"持证人员偏多"和"资格缺少稀缺价值"并不意味着"资格无用"。

图 0-1 "资格"大于"顶级销售的资历"

在房地产行业里，房地产交易人资格也许不会成为你在就业、跳槽和创业时的重要加分项，但就我的经历来说，缺少该资格却会成为重大的扣分项。

就像前面写到的，**即使我已在上市公司做到了业绩第一的金牌销售，一旦跨出公司大门，这个成绩瞬间就失去了威力。**反倒是一直被我认为没什么用处，否定其必要性的"房地产交易人"资格，在获取他人认可的时候更具说服力。

改变事业和人生！取得职业资格的"4大优势"

在过去，考取职业资格这件事给我这样的印象：

（1）"标榜学历的人"才会去考；

（2）"对业务不自信的人"才会去考；

（3）需要上学习班，且费用高昂。

从我的角度讲，我不是一个擅长学习的人，没有上过大学，更不用说学过法律。所以，我对职业资格没有兴趣，也不认为自己有能力通过考试。

我还有过一种偏见：要想取得职业资格，必须购买昂贵的教材，还得每周去上好几次课。

好在单论业务能力，我的自信还要在他人之上，所以哪怕没有一张资格证，也不妨碍我成为公司里的顶级销售。那么，取得职业资格的好处究竟是什么呢？我认为主要有以下4点。

1. 提升个人能力的公信力

说到职业资格，人们的关注点往往在于"持证人可以从事专业性强的工作"，而忽略了更重要的一点：**"持证人已通过考试并取得资格"这一事实本身。**

成功通过考试，本身就是一个巨大的优势。

以各位阅读这本书为例，假如我身为作者，"从未取得过任何资格，只是单纯对考证这件事比较熟悉"，想必没有读者会有兴趣往下读吧。

"利用市面上的习题集和参考书，完全依靠自学，在工作、家庭两不误的情况下，3 年取得 9 项资格。不仅如此，作者还是一个从职业学校毕业的'学渣'"——我想正是因为这种经历，才使读者对后面的内容有了兴趣。

事实上，尽管可能意识不到，我们所有人都在被"资格"的力量影响着。

2. 增加人生的选项

如果一个做餐饮的人想转行去做房地产，虽说不是不可能，但被录用的概率肯定不高。但如果一个人"一边在餐饮业工作一边学习，并取得了房地产交易人资格"，他在转行做房地产时，会遇到怎样的情况呢？虽然没有工作经验，但他至少拥有在行业内备受重视的房地产交易人资格，这一点会为他加分不少。更关键的是，他拥有**"一边工作一边挑战资格考试的积极性"，以及"确实取得了资格的实绩"，因此不论他取得的是哪种资格，都会因为这两点而被看好。**仅仅是取得了资格，就相当于获得了进军其他行业的敲门砖。换句话说，人生的选项因此增加了。

3. 拓宽职业视野

因为觉得"书本里的知识对销售没用"，我总担心为了资格考试而学到的东西在实际工作中派不上用场。不过从结果来看，担心是多余的。

通过学习和工作有关职业资格，**可以把诸如"为什么业务流程是这样""为什么需要这份材料""为什么烦琐的手续必不可少"等在实际业务中会遇到的问题串起来。**

例如，在《房屋租赁重要条款说明书》的末尾，总有一行这样的文字："承租人承诺支付一个月的租金作为中介费用"，并需要额外签字画押。刚入行时，我对这种做法并不理解。后来因为要准备房地产交易人考试，我学到了其中的原因："如不能获得承诺，便无法从承租人那里收取中介费用。"由此可见，为备战资格考试而学习，有助于加深对实际业务的理解。

4. 提高工作积极性

参加资格考试，相当于为自己设立了一个目标。漫无目的地看书可以让我们学会知识，却不能让我们掌握技能。**但如果是为了考取职业资格这个实实在在的目标而坚持学习，我们的工作态度也会随之变得积极。**不仅如此，如果最终考试成功了，我们还能收获强大的自信，并因此对未来充满信心。同时，新的资格也为今后的职业道路开辟出新的可能性，比如跳槽或创业。

这样使用资格证书，让你从人群中脱颖而出

每当聊到职业资格的话题，总有人问："这个证书有用吗？"

在我持有的资格中，房地产交易人和行政书士就属于在别人看来"没用"的那一类，但事实并非如此。**资格并非没有用途，只是很多人不知道如何使用罢了。**

1. 为什么会认为资格无用

认为"资格无用"的人，大都是把证书与某种工作或职业画上了等号。因此，如果拿到证书不能让自己很快找到工作或加薪，就会主观地认为"资格无用"。

这种想法是不正确的。资格并不等于工作本身，而是在求职路上可以使用的"武器"。如果持有者不懂得如何使用，再有用的证书也只是一张"废纸"罢了。

2. 持有资格的两大好处

持有职业资格有两大好处：**"说服力"** 和 **"信赖感"**。

以房地产交易人为例，光是持有该资格，就能使其在跳槽时领先其他竞争者一个位次。

那么，如果一个人在持有房地产交易人资格的同时，还拥有理财规划师资格，情况又会是怎样呢？单凭一张房地产交易人的证书也许会让人觉得可靠，不过给人的印象也仅限于"懂得房地产相关的法律知识"。**此时若能添上一张理财规划师的证书，便是为持有者附加了"能够给予金融方面专业建议"的价值。**

以我为例。我在取得行政书士① 资格后，就有人对我说"这个证书没什么用吧"。的确，熟悉这个行业的人都知道，行政书士事务所的数量多得和便利店有一拼，即使通过了行政书士考试，也不意味着能在这一行里取得成功。

---

① 日本所特有的，即代理个人或企业法人同政府部门打交道，处理登记、报批、办理执照、项目审批等业务的职业。——编者注

图 0-2　把证书组合起来，让自己脱颖而出

　　不过，如果把我在房地产业打拼多年的经验和行政书士的资格相结合，便能拓宽我的职业道路，使我跨过一般的行政书士行业，向企业顾问的方向发展。

　　取得多种资格，意味着自己现有的技能将被不断赋予附加价值。如果将来有跳槽或创业的打算，多考资格证会加不少分。

时代变化剧烈，不要再依赖公司

随着终身雇佣制的倒塌，跳槽和创业变得稀松平常。老龄化社会的到来，又增加了人们在退休后继续工作的必要性。像过去那样每天为了公司鞠躬尽瘁，如今看来反倒是高风险和没有保障的。

近来，受新冠肺炎疫情影响，陆续有大批员工被公司解聘或不再续约。这是有目共睹的。当某大型外卖连锁店解雇员工的消息被搬上新闻，滚动字幕中被解雇员工的发言让我感触很深。

"太后悔了，想哭。我拼了命地为公司奉献，公司对我却没有信任，太后悔了。"

只是看到这句话，就能体会到"这个人究竟为公司付出了多少"。不可否认，为公司献身也是一种伟大，但在今后的时代，这种价值观需要改变。说到底，员工会为公司献身，不过是因为"离不开公司"罢了。

保住生计要靠自己

为公司付出得再多，遇到类似新冠肺炎疫情的状况，还是会被无情解雇。不能说公司有错，在经营上这是理所当然的做法。**就算员工肯为公司而活，公司还是会根据公司的需求做出判断。**

既然如此，不要把期待全部放在公司上，而是要通过考取资格来磨炼技能，让自己拥有随时更换工作的选项。条件允许的话，还可以将取得的资格当作副业或自己创业。这种自力更生的精神，才是能让我们在充满变化的时代生存下去，守住自己和家人的最大的抗风险能力。

第 1 章

一张纸就能做到的"不会忘记的大量记忆法"

会"忘记"是为什么？

冒昧地问一句，大家还记得昨天的午饭是什么吗？如果
这个问题难不倒你的话，那么三天前的午饭也还记得吗？恐
怕已经想不起来了吧。我们都能记住最近发生的事，但往往
几天过后就忘记了。学习也是一样。我在备考行政书士时，
首先用 3 个月攻克了行政法，之后向宪法推进。一个月以后
当我再次翻开行政法的习题时，我惊讶地发现自己已经忘得
差不多了。

像我这样"不擅长学习"的人，学过的知识等不到考试
那天就忘记了。我也曾尝试过每天学习到半夜，可不论我怎
么延长学习时间，都做不到记住所有考点。

1. 不正确的学习方法

房地产交易人和行政书士资格会考到法律知识，因此计
算题较少，更多的是需要记和背的题目。换句话说，只要把
考点都背下来就能通过。

然而我既没有上过大学，也没有跟任何人学过法律，我只能依靠从书店买来的参考书拼命学习。

我的做法是先把参考书通读一遍，然后按部就班地做题。说白了，就是只能在参考书和习题集所提供的既定路线上直线前进。

这种做法有个很大的弊端。

2. 学习的本质是"记忆"和"复习"

上小学时，班主任曾教给我们很多东西，其中给我印象很深的一条就是"复习"。"在学校学到的东西，回家以后一定要复习一遍。"

当天学过的东西当天复习，这样能加深理解，巩固记忆。备战资格考试，"复习"同样至关重要。

但仅做到复习是不够的，还要把记忆和复习"有计划地"结合起来。"好久没有复习了，复习一下吧"，大多数时候，等我们想起来要复习时，已经晚了。

3. 不是"能力"的问题,是"方法"的问题

学过就忘,怎么都记不住,考试不及格。导致这些情况的原因,是没有抓住"记忆"和"复习"的本质,只顾埋头努力。**会忘记,并不是因为你的能力不足。**问题出在学习的流程上。

不给自己"忘记的机会"，就绝对不会忘记！

起初我把注意力放在了"怎样才能记住"上，但事实证明这条路走歪了，因为原本就不存在"记不住"这个问题。

例如，有这样一个考点："在土地规划建设中，需要行政审批方给予许可的是：挖方超过 2 米，填方超过 1 米的情况。"我学过以后，至少当晚还记得。

但是第二天，等我做到相关习题时，发现记忆已经模糊了：挖方和填方，哪个是 2 米？一周后，我几乎忘光了。由此可见，**问题并不在于记不住，而在于记住以后又忘记了。**

现有的记忆法，大都是高学历或学习能力优异的人从他们自己的经验中总结出来的。这类方法或许并不适合像我一样"不擅长学习"的人。

鉴于这种情况，我认为有必要找到一种适合自己的记忆法，于是查阅大量资料，终于发现了一种可行的方法。

1. 突破口是"落语"

这种方法就是"落语记忆法"。众所周知，落语家为了演出需要背下大段大段的落语。"他们是如何做到的？"我不禁产生了疑问。

落语家当中肯定也有不擅长学习的人。尽管如此，他们还是背下了长篇落语，这里面一定有某种秘诀。想到这里，我开始了对落语家的研究，进而在网上找到了一段令人眼前一亮的视频。

视频的内容，是落语家立川谈笑老师介绍他在背诵落语时使用的记忆法。

由于整篇背诵难度过大，实际背诵时，需要以几个自然段为单位，把落语切割成若干小节，再一点点背诵。

第一天，背熟第一小节。

第二天，回想第一天背诵的内容，确认无误后，背诵第二小节。

第三天，复习第一天和第二天的内容，确认无误后，背诵下一小节。

每天回想、复习前一天记住的内容。等到记牢以后，就可以慢慢增加复习的间隔。最终目的是达到每个月回想一次即可做到不忘的状态。

看到这段视频时，我马上意识到"这就是我要找的！"。这种记忆法的核心并不在于我此前实践的如何"记住"，而在于记住以后如何做到"不忘"。

2. "让人来不及忘记"的大量记忆法

立川谈笑老师的记忆法的核心是，"在忘记之前回想起来"。换句话说，它是一种"力求不忘"的记忆法。

3. 简单，但行之有效！

我会认为这种方法可行，最大的原因就是它适用于任何人。使用这种记忆法只需要做到两点：**"回想"，以及"用计划表管理"回想的周期。**不涉及任何有难度的技巧。

记住了习题 1

第二天

不注重方法的学习

有计划地复习

不断赶进度

复习过习题 1 后再推进

第二天

第二天

已将习题 1 忘记

已将习题 1 记牢

图 1-1　学习的本质是"记忆"和"复习"

备考时使用这种方法，可以让考生在不忘记已掌握知识的同时，不断记住新知识。为了确保能够在快要忘记的时候及时回想起来，我们需要将回想的周期制成表格，方便管理。

我将这种记忆法命名为**"让人来不及忘记的大量记忆法"**。

只需要一张纸和一支笔！大量记忆法的流程

在备考中使用"让人来不及忘记的大量记忆法"，具体该怎样做呢？

首先需要准备一张纸和一支笔。纸可以是 A4 大小，也可以是 A3 大小。在纸上打印我设计的"大量记忆表"。

表格样式详见图 1-2，可扫描该图右下角二维码下载电子版。

也可以亲手绘制表格，或根据个人需求用电脑制表。

下面对使用大量记忆法学习的步骤进行详细说明。

参考 26~27 页的应用范例，最左边一列为资格考试的名称及学习项目。总的来说，"学习项目"指考试中会考到的科目。每个项目相当于习题集上的几页习题（即把整本习题分割后的一个小节）。如未做特殊说明，本书中的"习题集"均指"真题"。

1. 教材以"真题"为主

说到习题集，首先想到的就是"真题"，此外还有出版社以"真题"为基础新编的"预测练习题"。本书推荐使用"真题"。"预测练习题"可以在完整地学过"真题"之后用于自测，但并不适合使用大量记忆法学习。

"真题"大致分为两类：将往年的重点考题按科目汇总的"分科目真题"，以及按年份将考卷原原本本收录的"历年真题"。两者的特点和用途将在 57 页做详细说明。**大量记忆法使用的，基本上是"分科目真题"**。

通常来说，只要能吃透"分科目真题"和配套的参考书（教材），便足以应对大多数资格考试（"真题"和参考书的使用方法详见 43 页）。预测练习题和"历年真题"，要等到考试前两个月才用得上。

回到下一页的表格，最左边一列有个记作"①房地产管理法基础"的项目，我们称这样的项目为一个**"单元"**。项目名称是根据习题集的内容制订的，但不必照搬目录。

填入资格考试的名称

房地产管理法	习题数量	0	0.5	1	1	1	
①房地产管理法基础	4	1/1	1/1	1/2	1/3	1/4	
②执照	4	1/2	1/2	1/3	1/4	1/5	
③房地产交易人	4	1/3	1/3	1/4	1/5	1/6	
④营业保证金	4	1/4	1/4	1/5	1/6	1/7	
⑤担保协会	4	1/5	1/5	1/6	1/7	1/8	
⑥事务所·介绍所的相关制度	4	1/6	1/6	1/7	1/8	1/9	
⑦媒介合同	4	1/7	1/7	1/8	1/9	1/10	
⑧广告规范	4	1/8	1/8	1/9	1/10	1/11	

填入学习项目。无须和习题集的目录保持一致

每次学习的习题数量。4 道"四选一"，或16 道"一问一答"

图1-2 大量记忆表的应用范例

横轴上的数字代表复习的间隔。
1 代表每天复习，2 代表隔 1 天复习一次（0.5 代表半日后复习）

2	2	3	3	4	4	5	5	6	6	7
1/6	1/8	1/11	1/14	1/18	1/22					
1/7	1/9	1/12	1/15	1/19						
1/8	1/10	1/13	1/16	1/20						
1/9	1/11	1/14	1/17	1/21						
1/10	1/12	1/15	1/18	1/22						
1/11	1/13	1/16	1/19							
1/12	1/14	1/17	1/20							
1/13	1/15	1/18	1/21							

记牢以后，6 ~ 7 天复习一
次也没问题

填入学习日期。
1/21 代表 1 月 21 日

学过的部分用马克笔涂色，让
进度可视化（详见 115 页）

扫码领取电子版

27

2. 每个单元的题目不要太多

关于每个单元的习题数量，==如果是"四选一"题型，可以分配 4 道；如果是"一问一答"题型，就分配 16 道。==例如，某章节为"四选一"题型，共 16 题，制订计划时可以分成 4 个单元。重点是每个单元的题目不要太多，以便工作忙的时候对学习计划作细微调整。

接下来说一说表格的横轴。==横轴上的数字代表回想的间隔。==

0 是起点，代表从这天开始学习；0.5 代表半日后回想，1 代表一日后（第二天）回想。==只有在开始学习的那天，为了巩固记忆，学过的单元需要复习一遍，在横轴上表示为 0.5。==从第二天起，每 1 天复习一次，之后慢慢变成每 2 天、3 天复习一次，不断拉长间隔时间。下面模拟一下实际学习时的情况。

● 开始学习当天（1 月 1 日）

参照图 1-3，假设从 1 月 1 日开始学习，学习内容为单元"房地产管理法基础"的习题。学习完毕后，在横轴 0 那一列填入 1/1（1 月 1 日）。

　　学习完毕约半日后，复习"房地产管理法基础"这一单元，在 0.5 那一列填入 1/1。

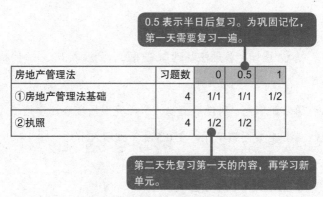

0.5 表示半日后复习。为巩固记忆，第一天需要复习一遍。

房地产管理法	习题数	0	0.5	1
①房地产管理法基础	4	1/1	1/1	1/2
②执照	4	1/2	1/2	

第二天先复习第一天的内容，再学习新单元。

图 1-3　第一天要学"两遍"

● 第二天（1月2日）

　　复习"房地产管理法基础"，在横轴 1 那一列填入 1/2。以此类推，横轴上的数字均表示复习的天数间隔。之后，学习"执照"这一单元的习题。完成后在横轴 0 那一列填入 1/2。下一次复习的天数间隔为 0.5，因此在半日后将这天学过的"执照"的习题复习一遍，并在 0.5 那一列填入 1/2。

像这样，**每次学习新单元时，当天都要复习一遍，可以加深记忆，**也会让日后复习时更有效率。

总的来说，大量记忆法就是将这一过程不断反复。

● 第三天（1月3日）

复习"房地产管理法基础"，在1那一列填入1/3。复习"执照"，在1那一列填入1/3。

学习新单元"房地产交易人"，完成后在0那一列填入1/3。半日后复习该单元，在0.5那一列填入1/3。

● 第四天（1月4日）

复习"房地产管理法基础"，在1那一列填入1/4。复习"执照"，在1那一列填入1/4。复习"房地产交易人"，在1那一列填入1/4。开始学习"营业保证金"，完成后在0那一列填入1/4。半日后复习该单元，在0.5那一列填入1/4。

像这样，每天重复复习与学习的过程。虽然复习范围扩大后可能会感觉吃力，但在进入第四天后，对"房地产管理法基础"的记忆已相当牢固。复习随之也从"解题"变成"回想"，因此很快就能完成。

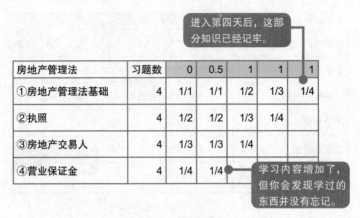

图 1-4　开始学习后第四天的进度

● 第五天（1月5日）

由图 1-5 可知，"房地产管理法基础"的复习间隔已从 1 天变为 2 天，**说明下一次复习是在 1 月 4 日的两天后，即 1 月 6 日。**因此，1 月 5 日这天不需要复习"房地产管理法基础"。复习"执照"，在 1 那一列填入 1/5。复习"房地产交易人"，在 1 那一列填入 1/5。复习"营业保证金"，在 1 那一列填入 1/5。开始学习"担保协会"，完成后在 0 那一列填入 1/5。半日后复习该单元，在 0.5 那一列填入 1/5。

房地产管理法	习题数	0	0.5	1	1	1	2
①房地产管理法基础	4	1/1	1/1	1/2	1/3	1/4	1/6
②执照	4	1/2	新知识 每天复习		1/4	1/5	
③房地产交易人	4	1/3	1/3	1/4	1/5	1/6	
④营业保证金	4	1/4	1/4	1/5	1/6		
⑤担保协会	4	1/5	1/5	1/6	记牢后逐渐拉开 复习的间隔		
⑥事务所·介绍所的相关制度	4	1/6	1/6				

图 1-5 记牢后便可以拉开间隔

● **第六天（1月6日）**

复习"房地产管理法基础"，在 2 那一列填入 1/6。虽然隔了 1 天没有复习，**但由于之前连续温习了 4 天，并没有忘记。**

"执照"不需要复习。复习"房地产交易人"，在 1 那一列填入 1/6。复习"营业保证金"，在 1 那一列填入 1/6。复习"担保协会"，在 1 那一列填入 1/6。开始学习"事务所·介绍所的相关制度"，完成后在 0 那一列填入 1/6。半日后复习该单元，在 0.5 那一列填入 1/6。

掌握上述方法后，便可以按照相同的流程不断向新单元推进。

3. 目标是"半个月复习一次便不会忘"

一边学习新知识，一边反复回想学过的知识以做到不忘，然后渐渐拉开复习的间隔，最终达到**"半个月复习一次便不会忘"的持久记忆效果。**

只要按照"大量记忆表"上的进度学习，哪怕是不擅长学习的人，也可以在"忘记之前"将学过的知识回想起来，做到不忘（可以根据个人情况调整"复习间隔"及"每单元的习题数量"）。

大量记忆法与其说是帮助人记忆，不如说是让人"百分之百做到不忘"。使用这种方法，甚至可以记住一年前吃过的午饭。光凭这一点已经非常实用了，不过大量记忆法还有别的优点，接下来就为大家介绍。

适合上班族、主妇和学生的学习计划

大量记忆法的一大优势，是可以根据个人情况，简单调整学习计划。比如对上班族、主妇和学生来说，不同人群的生活习惯不同，学习计划也有差别。下面将利用 3 种模型，分别讲解上班族、主妇和学生如何制订学习计划。

1. 上班族的学习计划范例

上班族需要把工作摆在第一位，所以不一定每天都能学习相同的量。比如有客户需要应酬，到家时已经很晚了。但即使在这种情况下，大量记忆法也可以很好地发挥作用。

请看下一页的表格。这是使用大量记忆法学习，进展到第四天及第五天的情况。

● 第四天（1 月 4 日）

这天因为要加班，到家时已经很晚。如果没有制订好学习计划，这种情况可能会丧失学习动力，干脆放弃学习。

可是，**这时候放松的话，好不容易巩固的记忆就松动了，所以遇到这种情况时，需要将学习计划调整为"维持现状"**。

正常情况下，这天的进度是向"营业保证金"推进，但是现在要停一停。换句话说，不学新知识了，专心复习之前学过的①～③单元。

截至第四天，①～③单元至少已复习过两遍，即使加班后十分疲惫，复习起来也不会有太大负担。

案例 如何应对临时加班的情况？

房地产管理法	习题数	0	0.5	1	1	1	2
①房地产管理法基础	4	1/1	1/1	1/2	1/3	1/4	
②执照	4	1/2	1/2	1/3	1/4	1/5	
③房地产交易人	4	1/3	1/3	1/4	1/5		
④营业保证金	4	1/5	1/5				
⑤担保协会	4						

1/4 放弃学习新单元，专心复习

图 1-6　上班族的学习计划范例

● 第五天（1月5日）

这天没有加班，到家时间和平常一样。

在表格上，"房地产管理法基础"的复习间隔为"2"，所以是在1/4的2天后，1/6复习；今天是1/5，不需要复习。这天的学习计划为：复习单元②和③，并开始学习单元④"营业保证金"。

如果因加班没有时间学习，可以调整学习计划，在能力范围内专注于"维持现状"。这样便能有效避免备考中最不该出现的"学过就忘"的情况。

2. 主妇的学习计划范例

主妇因为要忙家务和照顾孩子，很难做到严格按照计划学习，但只要使用大量记忆法，任何情况都能灵活应对。

● 开始学习后的第二天（1月2日）

虽然学习热情高涨，但开始学习后的第二天孩子就发热了，学习时间一下子被挤掉了。遇到这种情况，我们需要采取和"上班族"相同的对策，即停止学习新知识，**专注于维**

持现状。所以这天只需要复习一遍"房地产管理法基础"就好了。由于是复习学过的单元，负担不会很大，即使没有时间也能轻松完成。

● 第三天（1月3日）

孩子的病情好转了，复习过"房地产管理法基础"之后，开始向单元②"执照"推进。

● 第四天（1月4日）

孩子去上学了，时间充裕。复习过"房地产管理法基础"和"执照"之后，开始学习单元③"房地产交易人"。由于难得时间充足，又同时学习了单元④"营业保证金"。

● 第五天（1月5日）

孩子的病情反复了，在家休息一天，因此放弃学习新内容，专心复习②～④单元。

鉴于表格上单元①"房地产管理法基础"的复习间隔已变为2，下一次复习是在1/6，1/5这天不复习。

案例 如何应对孩子发热的情况?

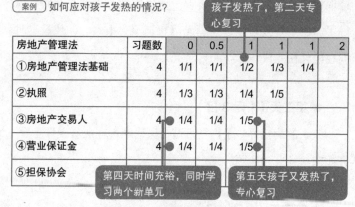

房地产管理法	习题数	0	0.5	1	1	1	2
①房地产管理法基础	4	1/1	1/1	1/2	1/3	1/4	
②执照	4	1/3	1/3	1/4	1/5		
③房地产交易人	4	1/4	1/4	1/5			
④营业保证金	4	1/4	1/4	1/5			
⑤担保协会							

孩子发热了,第二天专心复习

第四天时间充裕,同时学习两个新单元

第五天孩子又发热了,专心复习

图1-7 主妇的学习计划范例

通过这个案例我们了解到,使用大量记忆法后,即使是难以按照计划学习的主妇,也可以灵活应对各种突发情况。

通常来说,制订好的学习计划一旦被打乱,就需要重新制订。类似的状况一再发生,容易让人产生抵触心理,导致半途而废。

但是大量记忆法的引入,可以让任何生活节奏不规律的人,都能按照自己的步调学习。

3. 学生的学习计划范例

相比上班族和主妇,学生能用来学习的时间更多,因此可以利用这个优势，制订出更紧凑的学习计划。

请看对应的大量记忆表。

案例 如何利用充裕的时间？

房地产管理法	习题数	0	0.5	1	1	1	2
①房地产管理法基础	5	1/1	1/1	1/2			
②执照	5	1/1	1/1	1/2			
③房地产交易人	5	1/2	1/2				
④营业保证金	5	1/2	1/2				
⑤担保协会							

> 每天学习 2 个单元

> 增加每个单元的习题数量

图 1-8 学生的学习计划范例

● **开始学习当天（1 月 1 日）**

从"房地产管理法基础"开始学习。通常来说，我们每天只学习 1 个新单元，但学生时间充裕，可以以**每天 2 个单元的速度向前推进**（或者也可以增加每个单元的习题数量）。因此，这一天还要同时学习"执照"这个单元，并在 0 那一列填入 1/1。半日后复习这两个单元的习题，在 0.5 那一列填入 1/1。

● 第二天（1月2日）

先复习"房地产管理法基础"和"执照"，在 1 那一列填入 1/2。之后同时开始"房地产交易人"和"营业保证金"的学习，并先后在 0、0.5 这两列填入 1/2。只要时间允许，就可以以每天 2 个单元的速度把进度往前赶。

如果遇到学校有活动或需要和朋友外出的时候，也可以把当天要学习的新单元从 2 个减为 1 个，以此减轻学习负担。

有效利用记忆空间的"旋律记忆法"

大量记忆法可以让我们记住通过考试所需的知识，但在应对一些复杂的数据和专有名词时，我们多少有些力不从心。这方面是"谐音记忆法"的强项。

例如在记忆英文单词"ambulance"时，就经常使用"俺不能死"辅助记忆。不过在学习房地产交易人等法律系资格时，由于需要记忆的项目过多，"谐音梗"的长度随之增加，导致字面意思与实际内容脱节，反而给记忆带来了困难。

伴着旋律哼唱考点

针对这种情况，我想到了一种利用"歌曲旋律"轻松实现大量记忆的方法。起因是我发现自己仍然记得多年前流行歌曲的歌词。我想，不如把知识点套在旋律上哼唱，这样既方便了记忆，又能做到不忘。于是，我选了一首耳熟能详的乐曲《铃儿响叮当》来记忆房地产交易人资格中的媒介合同记载事项。

　　这种方法一经在我运营的社区公开就引起了热烈反响，视听用户纷纷表示"唱一遍就记住了""一听到《铃儿响叮当》的旋律就会自动想起填入的歌词"。

　　旋律记忆法的要点，是要让知识点（需要记忆的内容）合上节奏，然后通过哼唱来记忆。知识点一旦与节奏融为一体，便可以在考试中轻松回想起来。这与一听到音乐就想起歌词的原理是一样的。进一步说，任何音乐都可以用来记忆，不一定非是歌曲。

　　在我创作的"记忆歌"中，就有以古典乐为韵律的。大家可以选择自己喜欢的旋律，按创作需求自由发挥。

教材以真题为主，把参考书当作辞典使用！

不论准备哪种资格考试，都能买到两类教材：参考书和习题集。参考书像教科书一样把知识点汇总在一起，习题集则是由真题和预测练习题构成的。

前文提到，**大量记忆法使用的是习题集。**

我们都知道，中小学义务教育的学习方法是"先学懂教科书，再做题"。这种做法不能说错，但效率肯定不高。

在这里我想问一个问题：大家都玩过手机游戏吗？我很喜欢这类游戏，也经常下载。不知各位发现了没有，很少有人先看说明书再玩游戏，基本上都是先上手，遇到不懂的地方再看说明书或查攻略。

备考也是一样。

如果先看参考书，很容易产生一种"我已经学会了"的感觉。但如果不知道知识会以怎样的形式出现在考题里，书看得再多，对考试的帮助也不大。

相比之下，**如果从真题着手，不但能了解考点，还能熟悉出题思路**。由于重点一目了然，学习效率会非常高。

真题

可以明确地把握考点，
让人知道该学什么。

参考书

能系统地学习知识，但是跟考试
脱节，学习效率不高。

真题一定要读透做透！

当辞典使用吧！

图 1-9　教材以真题为主，把参考书当辞典使用！

不要急着做题，先把习题集读懂

可能有人会说："直接去做真题，不可能会做吧！"

的确是这样。所以首先要做的并不是解题，而是阅读。

先读答案（解答栏）再读题

具体来说，翻来习题集，先把习题的解答栏读懂，再回过头来读题干。解答栏的内容类似于参考书上的知识点，非常通俗易懂。读过解答栏之后再读题干，就会发现"原来是这样出题的"，有一种"把题目和知识点连上了"的感觉。

例如，房地产交易人考试中有一道关于"夸大广告"的题，解答栏是这样写的。

【解答栏】

"所谓夸大广告，是指广告内容严重与事实不符，或误导他人认为产品的质量或功效远优于真实情况。利用夸大广告进行宣传，将被视为违反了（日本的）《房地产管理法》。由于该行为被严令禁止，**无论是否造成损失，都不能免除责任**。凡有此行为者，将被予以相应处罚或责令停业。"

在理解这段话的基础上，回过头来看问题。

【问题】

"即使广告内容与事实不符，误导他人认为产品的质量或效果远优于真实情况，**只要没有造成实际损失，便不会被视为监督处罚的对象。**"

原来如此，原本应该是"无论是否造成损失，都不能免除责任"，题目在这里设了陷阱。

如果先读题干，遇到"没有造成实际损失""视为监督处罚的对象"等不好理解的地方就会卡住。每道题都从解答栏开始读，很顺畅地就能把整本习题集读下来。

图 1-10　不解题，先阅读

每道真题都是一个"知识面"，而不只是一个"知识点"

常有人在网上评论："认真学习了真题，还是没考过！"恕我直言，这里的"认真"恐怕要打引号。

请看下面的示意图。图 1-11 中是真题与考试范围的关系。

真题不过是零散的"点"，
关键在于掌握"面"（相关知识）

考点全在"相关知识"里

图 1-11　资格考试的出题范围

实际的考试范围很广，而真题是零星散布在其中的"点"。只做真题，最终掌握的不过是这些零散的点。然而，**不论是哪种资格考试，正式的考题都不会与真题一模一样。**

那么正式考试的出题范围是什么呢？答案是真题的"相关知识"。

只求掌握"点"，在考试中当然也能拿到分数，但是通常达不到及格标准。因此重要的不是掌握"点"，而是通过"点"扩大"知识面"。

那么怎样才能掌握真题的相关知识呢？

1. 真题活用实例

这种能帮助我们掌握真题相关知识的学习方法，我称之为"真题活用法"。下面就以房地产交易人考试的真题为例，实际展示一下相关知识的学习过程。

2014 年第 39 题

因未缴纳充抵保证金而失去担保协会会员身份的房地产交易商，自失去会员身份之日起两周内交存、清偿业务保证金的，可恢复其在担保协会的会员身份。

这段描述是正确还是错误呢？

答案是"错误"。虽然得出了答案，我们仍需要知道是哪里错了。对房地产交易人兴趣不大的读者，**同样请你把下述分析当作真题的活用实例来学习。**

房地产交易商失去担保协会会员身份后，其会员身份不会自动恢复，因为该房地产交易商已被担保协会除名。

房地产交易商此时能采取的行动是**交存并清偿业务保证金，**而这一行动需要在失去会员身份后的**一周内**完成。

到此为止，我们搞清了错误原因。但仅仅这样是不够的，这部分内容在解答栏里已经明确给出了。

从这里开始才是重点。

2. 查找相关知识

首先看到"充抵保证金"这个词。**充抵保证金应何时缴纳呢？**打开参考书，翻到充抵保证金那一页。

（1）会员须在接到通知后的两周内向担保协会缴纳充抵保证金。

这便是我们学到的第 1 条相关知识。**我们需要把参考书**

上的这个知识点抄写在真题解答栏里。

接下来是"通知"。"通知"由哪里发送呢？再次翻开参考书。

（2）通知经由担保协会发送。

这一条也写进真题解答栏。那么担保协会又是从哪里接到的"通知"呢？再次查看参考书上的相关条目。

（3）通知由国土交通大臣发送给担保协会。

写进真题解答栏。那么国土交通大臣是如何了解到保证金一事呢？查看参考书。

3. 继续深挖

（4）因为供托所向大臣发送了通知。

写进真题解答栏。

活用真题就要像这样，不光要知道一道题的对错，还要通过它学习相关知识。但还不止是这样。

4.进一步活用！围绕相关知识预测考题！

"房地产交易商失去会员身份后，只需在一周内清偿业务保证金即可恢复身份，是这样吗？"

带着这样的疑问去查参考书。被担保协会除名是相当严重的后果，应该仔细看看书上是怎么写的。答案是还需要向执照办理机构提交相关申报，否则无法继续营业。

那么，正式考试中有没有可能遇到这样一道题呢？

"经营者失去会员身份后于一周内清偿业务保证金，无须提交申报即可继续经营。"（答案：错误）

实际学习中，同一道题还可以再挖掘 10 次以上，出于篇幅考虑，就不展开说明了。总的来说，**每个选项都要像查辞典一样，从参考书里找到相关知识，并逐条写进解答栏。**字不必写得漂亮，自己能看懂就可以了。

刚开始时会很花时间，但这个时间一定要花。

5.为什么写进解答栏

可能有人会问：相关知识点为什么写进解答栏，而不是笔记本。这一点其实正是活用真题的重点，也是我推荐的学习方法的核心。

前文讲到，大量记忆法是以真题而非参考书为主要教材，以一定周期为单位进行复习的学习方法。复习时如果只是看一遍真题，能掌握的也只有真题中的知识"点"罢了。我们在考试中能做对的，将仅限于选项与真题一样或只是稍微变换形式的考题。

鉴于这种情况，**使用大量记忆法回想时，需要连同参考书中的相关知识一并回想**。这样一来，能够确保我们在正式考试中拿到分数的相关知识就可以依靠大量记忆法记牢了。

6. 真题是"枝干"，相关知识是"树叶"

真题好比树木的枝干。学习时，以枝干为中心不断添加名为"相关知识"的树叶，让两者成为一个完整的体系。

资格考试的考点大多出自相关知识，相关知识稳固了，及格是必然的。

很多时候，没有考过是因为想靠预测习题集去覆盖相关知识，反而耽误了时间。将"大量记忆法"与"真题活用法"相结合，虽然初期投入很大，但整体而言效率更高，请大家一定要积极尝试。

在备考这件事上，方法比教材重要。

接下来，我想谈一谈习题集的选购方法。

选购习题集要看"版式设计"！

选购习题集也是一门学问。有的习题集可以买，有的不能买，关键要看版式设计。习题集的版式设计大致分 3 种：①左页是题目，右页是解答。②右页是题目，下一页（翻篇）是解答。③前半本书是题目，后半本书是解答。

大家认为哪一种比较好呢？答案是①。今后购买习题集，一定要选择"左页是题目，右页是解答"的版式。

选购习题集，什么最重要

既然是以习题集为主要教材，版式设计一定要满足**"方便对照题目和答案"**这个需求。

版式①的特点是，读过右边的解答栏，只需向左看便能直接看到题目。此外，等我们有了一定基础之后，也可以先做题后对答案，这时，从左到右使用习题集同样方便。

如果担心看到答案，可以用一张厚纸挡住。

相比之下，版式②的题目在右边，解答栏要翻一页才能看到。

换句话说，题目左侧的答案，是上一页题目的答案。这样无法直观地将题目与答案关联起来。

用这种习题集学习，每次看解答栏或题目时都要翻页，容易令人烦躁，如果只有几天还能忍受，**但备考是长达几个月的长跑，这种版式设计不仅浪费时间，更重要的是，不利于我们将题目与知识点关联起来。**

方便对照题目与答案，学习起来更轻松

左边是题目　　　　　　　右边是解答栏

图 1-12　习题集一定要买"这种版式"

版式③的问题与版式②类似。版式③属于模考型的习题集，使用时要将题目全部做完以后统一对答案。这种习题集要到临考前才用得上，不适合平时学习使用。

综上所述，购买习题集时一定要选择"左边是题目，右页是答案"的这一类。

合理使用4类习题，制订最强学习计划

市面上能买到的习题集，内容大致分为4类。搞清楚每一类的特点，便知道什么时候该买哪一类习题集。

1. 分科目习题集

分科目习题集以科目为单位，将考试范围划分开，并将同一科目的真题集中在一起。如果决定参加资格考试，首先要买的就是它。备考中以此类习题集为主要教材，学习效率是最高的。例如，房地产交易人考试可分成"房地产管理法、法律限制、权利关系、其他税金"，行政书士考试可分成"宪法、行政法、民法、社会法"，每个科目都是对历年重点考题的汇总。

此类习题集通常会在书名中注明"分科目"，看目录也能将其与其他习题集区分开。**分科目习题集的一大优点是，把历年考试中出现率高的题目集中了起来。**

特别是像"房地产交易人"和"行政书士"这种设立时间已久的考试，由于已形成固定的出题倾向，历年考题都是由出现率高的题目和出现率低的题目混合编成的。

编纂分科目习题集时，出版社会按科目从历年真题中筛选出出现率高的题目，以便考生有针对性地迅速掌握某一科目的考点。

现实中，就有人只用一本分科目习题集和一本参考书，自学通过了房地产交易人考试。如果是通过率超过30%的考试，甚至仅靠学透一本分科目习题集就能取得资格。

我在第二年挑战的商业实务法务鉴定考试（通过后取得"商业法务专家"资格）和二级理财规划师技能检定，就是仅靠一本分科目习题集通过的。

2."一问一答"习题集

"一问一答"，即问答题。这类习题集开本较小，便于携带，尤其推荐备考初期使用。

分科目习题集的题型与正式考试一样，均为"四选一"或"五选一"，适合利用整块时间学习。

但"一问一答"题不同，只需要一点零碎的时间就能加深对知识的理解。**但若想实现学习效果最大化，就需要额外用可视化的形式标注出"哪道题在什么时候已经学过了"，有计划地进行学习。**

"一问一答"习题集对学习时间的要求宽松。这是它的优势，但也导致学习容易缺乏计划性，往往要等到空闲时，才下意识地翻开来做。

这样虽然也有收获，但最好像其他习题集那样，利用大量记忆法有计划地学习。下一章会讲到"听觉学习法"，合理利用"一问一答"习题集，可以使"听觉学习法"效果倍增。

根据我的经验，我会对前面介绍的分科目习题集和"一问一答"习题集，各买一本，而且两本都采用大量记忆法做好规划，然后双管齐下，同时学习。

在家时学习分科目习题集，外出时学习"一问一答"习题集。就结果来看，这样学习张弛有度，能记忆得更牢固，非常值得推荐。

3. 历年真题集

这类习题集囊括了最近几年的所有真题，因此题量比分科目习题集大。以房地产交易人考试为例，可以购买到过去12年的真题集。

习题集中的题目是按照出题年份而并非科目划分的。往往出版这类习题集的资格考试，难度会较大。

在使用方面，**我建议不要在备考初期购买这类习题集。**

有人认为这类习题集题量大，比买分科目的划算，就买了这种。这样多少有些因小失大。

4. 什么时候买？怎样使用？

一本网罗了过去12年所有真题的习题集，乍一看让人觉得踏实，但实际上里面的很多题目12年来仅出现过一次。换句话说，**就是把分科目习题集中出现率高的真题，和其他所有出现率低的真题混在了一起。**

然而，考生很难将这两者区分开。如果购买的是过去12年真题集，有可能从一开始就被出现率低的题目拖住，导致出现率高的题目学习时间不足。

不仅如此，由于这类真题不分科目，无法逐科、有针对性地学习，使用起来也会感觉不方便。

综上所述，不推荐考生在备考初期购买历年真题集。

不过，并不是说这类习题集没有购买价值。如果能在备考的冲刺阶段有目的性地去使用，考生在正式考试中的得分能力将大幅提升。这里的"目的性"包括以下两点。

（1）把容易得分的科目彻底拿下

不论哪种资格考试，考查科目里都有容易得分的科目和不容易得分的科目。要想提升考试成功率，就要在容易得分的科目上尽量多得分。

但即便是容易得分的科目，也总有几道不常考的偏题。**要想做对这些偏题，光靠分科目习题集里那些出现率高的题目是不够的。**这时就需要利用历年真题来查缺补漏。

（2）进行自我模考

在考前冲刺阶段，进行模拟考试很有必要。可以选择去参加社会上的模考，但对"上班族"来说，时间上恐怕是不允许的，这时候历年真题就派上用场了。

由于和往年的试卷一模一样，历年真题可以用来模考。这种自我模考在家就能进行，而且能做好几轮，非常适合用来研究时间分配等正式考试中会遇到的问题。

历年真题不是主要教材，但只要使用得当，同样大有用处。

5. 预测练习题

预测练习题是出版社以历年真题为蓝本制作的原创习题集。考生需要先完成备考的学习计划，才会用到预测练习题。由于正式考试的出题范围是历年真题的相关知识，严格地说，预测练习题并不是对正式考试的预测。其用途在于，检验考生对该出版社出版的参考书的掌握程度。出题风格也与正式考试不太一样。总的来说，预测练习题的用途是考前自测，备考初期无须购买。

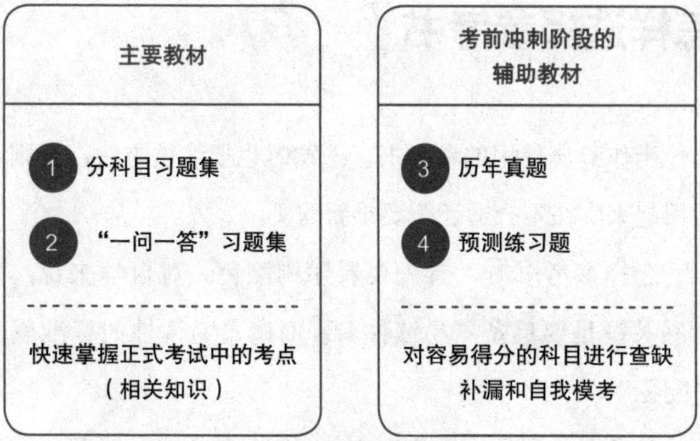

主要教材	考前冲刺阶段的辅助教材
① 分科目习题集	③ 历年真题
② "一问一答"习题集	④ 预测练习题
- - - - - - - - - -	- - - - - - - - - -
快速掌握正式考试中的考点（相关知识）	对容易得分的科目进行查缺补漏和自我模考

图 1-13　4类习题集的用途

　　综上所述，习题集大致分为4类，使用时分清它们的特点，可以进一步提升学习效率。

　　不同习题集的使用方法将在第 4 章中详细说明。

怎样选择参考书

当作辞典使用的参考书，选购时也要注重方法，否则买后用起来实在不合适还需要重新购买。

选择参考书时，首先要看印刷配色。对自学来说，**参考书关键是要具备"易读性"**，而衡量易读性的标准就是"配色"。

参考书的配色大致分为 3 种：①只使用一种颜色；②使用少数几种颜色；③全彩印刷。

根据我的经验，全彩印刷的参考书最值得推荐。全彩参考书大多面向初学者，内容浅显易懂，版式设计一目了然。

除配色外，**选择参考书时还应留意每一页大致的文字量。**适合初学者的参考书往往要点突出，文字较少，即使自学也能轻松理解。

上述①和②的参考书虽然信息量大，但如果对所学领域没有一定了解，理解起来可能要多花些时间。**初学者购买此**

类参考书，**有可能在备考初期就因受挫而放弃考试。**

这种文字量大、排版紧凑、没有太多图片的参考书，更适合第二次备考时使用。如果是初学者又想一次考过，就不推荐购买了。

当然了，配色和文字量并非衡量一本参考书的唯一标准，但是不妨将其作为一个方向，在此基础上选择适合自己的参考书。

1. 习题集和参考书最好成套购买

大多数情况下，同一家出版社推出的习题集和参考书是配套的。部分资格考试除了分科目习题集外，还会推出配套的历年真题和"一问一答"习题集。

条件允许的话，参考书和习题集最好买成一套。并不是说"要买就买一整套"，而是要"优先在同一套书里选择"。

为什么呢？原因在**于配套的书里有许多相关联的内容。**

例如，习题集的解答栏里有时会注明相关知识的出处，如

"该知识点详见参考书第 ×× 页"。这样能使学习效率大幅提升。

如果买到的习题集和参考书不是一家出版社的，页码没有对应关系，就无法使用这种技巧了。今后在购买习题集和参考书时，不妨尽量选择配套的购买。

教材切记不要多买！

购买参考书和习题集时，一定要注意不能买得太多。事实上，在备考初期就大量购买参考书的人并不多，但是随着学习的深入，**很多人都会选择用购买参考书和习题集的方式来缓解备考压力。**不得不说，这样做反而会导致考试失利。最常见的情况是，这样买来的参考书和习题集直到考试那天也没有看完、做完。

不断买书，往往是因为学习进展缓慢。但是**对于大多数资格考试来说，学透一本习题集和一本参考书就足够了。**如果有了买书的念头，不妨先检查一下手上的教材是否已经彻底掌握了。

第 2 章

靠"边做事边学习"实现大量记忆！掌握听觉学习法！

上班族没有时间！可以尝试"边做事边学习"！

有意取得职业资格的人，大都是"上班族"、自由职业者和主妇这些我们通常所说的社会人。社会人无法像学生那样把时间都用来学习。所以当我介绍大量记忆法时，很多人都说"方法确实好，可惜工作太忙没有时间"。

社会人确实很忙，每天都要被时间追着跑。但社会人就真的没有时间学习吗？这或许是我们常常陷入的一个误区。

请大家闭上眼睛，想象一下自己正在学习的情景。

"你坐在书桌前，手里握着铅笔，眼前是翻开的习题……"是不是这样一幅画面？

没错，大多数人都会把"学习"与"端坐桌前"强行联系在一起，然后感叹没有时间学习。现在就请你把这种印象从大脑里删除。这是学生时代留给你的印象，但社会人不这样学习。社会人是"把日常生活转化成学习时间"。这样一来，即使是忙碌的社会人，也能在不过分改变生活的情况下取得职业资格。

1. 不是利用碎片时间，而是"边做事边学习"！

"合理利用碎片时间"是很多书里都有推荐的学习方法，比如利用"等地铁的时间"来学习。

这里的碎片时间，是指无事可做只能等待的时间。比如等车的时间、等人的时间、午休的时间。但即使把碎片时间收集起来，忙碌的社会人每天最多也只有 30 分钟到 1 个小时。只靠这点时间是无法通过考试的。

鉴于这种情况，我的建议是"在生活中边做事边学习"。将这种方法学以致用后，即使把"端坐桌前"的时间压缩至最小，也能顺利通过考试。下面就以我的实际情况为例，把一天中的学习时间依序列出来。

2. 把"所有时间"变成学习时间

"所有的时间"包括做早饭的时间、吃早饭的时间、出门前的准备时间、步行至车站的时间、乘公交的时间、吃午饭的时间、下班后的通勤时间、做晚饭的时间、吃晚饭的时间、洗衣服的时间、洗碗的时间、叠衣服的时间、洗澡的时间。

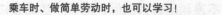
乘车时、做简单劳动时,也可以学习!

图 2-1 把"所有时间"变成学习时间

大家可以看到,除了碎片时间外,我把乘车和做简单劳动的时间也利用了起来。换句话说,我采用的是"边做事边学习"的方式。这样**即使不去书桌前,每天也能保证 2 ~ 3 小时的学习时间**。

可能有人会问:"做饭的时候怎么学习?"接下来要介绍的,便是让"边做事边学习"成为可能的"听觉学习法"。

一学就会！两步掌握高效的"听觉学习法"

这种能把日常生活变成"学习时间"的方法，就是"听觉学习法"（以下简称"听学"）。

所谓"听学"，是指通过听习题录音来学习的方法。也许有人会问："哪里能买到这种录音呢？"答案是用手机录自己的声音。和过去不同，现在有了手机这种便利的设备，不论是录音还是播放，任何人都能用手机随时、轻松搞定。

下面就来看一看听学的具体步骤。

需要准备的物品有：习题集、手机、蓝牙耳机。

1. 录音

自己朗读习题集，用手机的录音功能录音。

录音时，**按照题干、选项、答案、解说的顺序朗读。**需要注意的是，**朗读速度应比平时的语速要快一些。**

"听学"的原理是通过反复聆听，将知识刻在大脑里，所以只听一遍是不够的，要尽可能多地去听才能记牢。因此，

录音时不必读得一板一眼，而是要读得快一些，才能方便我
们反复聆听。

此外，录音时可以按照大量记忆法划分的单元去读。每
个单元生成一个音频文件，这样学习时可以快速找到想听的
单元。

图 2-2　录制只属于自己的原创教材！

2. 用蓝牙耳机聆听

走路时、坐车时、做饭时，只要"耳朵闲着"，就可以
戴上耳机"边做事边学习"。

"听学"时应使用"蓝牙耳机"。使用有线耳机的话，

不得不随时跟手机连在一起，就不方便"边做事边学习"了。

根据我的经验，耳机线会在做饭和叠衣服的时候变得非常碍事，而且一旦被耳机线分心，事情也会做不好。有线耳机还有一个缺点是需要经常摘下来，同样不利于"边做事边学习"。佩戴蓝牙耳机就不会有这些问题，可以心无旁骛地"边做事边学习"。

3. 最好使用"单耳型"耳机

用于听学的蓝牙耳机，最好选择"单耳型"，而不是普通的双耳型。好处是佩戴耳机时也能对周围的声音做出反应，不会影响到日常生活。

"听学"不是听音乐，耳机不需要追求音质，也不必在意生产厂商。不过需要注意的是，如果是内置麦克风的通话用耳机，音量调至最大也可能很小，所以最好选择不带通话功能的款式。

回想我备考的那段时间，经常是全天戴着耳机，随时听学自己朗读的习题。

习题集全部做完以后，再使用参考书

　　"听学"使用的教材基本以习题集为主。大量记忆法是将习题集分割成单元后，按计划进行学习的方法。"听学"因为沿用了大量记忆法的模式，录音时使用的材料也自然是习题集。

　　没有时间在书桌前学习时，我们只需用蓝牙耳机聆听当天的学习材料，便可以完成这天进度。只要是以"边做事边学习"的方式"听学"过了，便可以认为自己"学过了"，并在大量记忆表中填入日期。

1. 什么时候可以使用参考书?

　　将习题集全部做过一遍之后，就可以在听学中使用参考书了。进入这个阶段，聆听参考书的录音可以让我们联想起习题集里的知识。因此，参考书里的内容会以一种与实践相结合的方式，毫不费力地被大脑吸收。

2. 为什么说"边做事边学习"+"大量记忆法"的效果最好

以前我们说"边做事边学习"，都是遇到空闲了才想起来要学，是缺乏计划性的。这样学习不容易见到成果，而且并非人人都有这样的条件。说白了，"边做事边学习"是在正规的学习时间之外，额外赚到的那点工夫。

相比之下，我提倡将"边做事边学习"与"大量记忆法"相结合。好处是可以让一天的学习计划全部在"边做事边学习"中完成，从而让"边做事边学习"也有了计划性。

习惯"听学"后，答题速度也变快了！

实践"听学"后一个明显的感觉，就是解题速度变快了。以前我总发愁自己的阅读速度慢，例如，给予房地产交易人 2 小时 50 分钟的考试时间，对我来说只是刚刚够用。但是通过使用蓝牙耳机"听学"自己朗读、录音的习题，我发现我的平均解题时间明显缩短了。除了能有效利用空闲时间外，"听学"还具有以下两大优势。

1. 熟悉考题的表述方式

每天坚持"听学"，有助于熟悉考题独特的表述方式。例如，房地产交易人考试中有这样一个选项：

"房地产交易人因违反刑法第 222 条（胁迫）罪被判处罚金并被取消执业登记的情况下，从刑法执行完毕或不再执行之日起，5 年之内不得重新进行执业登记。"（答案：正确）

像这样以"某种情况下""有权""无权"等口吻说明案例，询问在法律上会导致怎样的后果或应如何处理的表述方式在考试中非常常见。"听学"可以让我们熟悉这种表述方式，久而久之，就能自然看清此类题型的出题思路。

特别是像房地产交易人这种法律类资格，由于专业术语较多，熟悉后可以消除畏惧心理，让解题变得更加从容。

2. 养成边听题边解答的习惯

参加资格考试需要具备一项重要的能力：只读一遍题干和选项，就能理解题目的意图并得出答案。如果每个选项读过两三遍还不得其解，一来考试节奏会被打乱，二来还可能导致"多花了时间却没有做对题"的糟糕情况发生。

坚持"听学"，可以养成边听题边思考的习惯，最终达到听一遍题目就能得出答案的效果。这样在正式考试中就能做到"只读一遍题目就得出答案"，并迅速完成答题卡的填涂了。

适合"听学"的两类习题

上一章讲了 4 类习题集的区别，其中**适合听学的是分科目习题集和"一问一答"习题集。**

为分科目习题集录音有个窍门。由于"四选一"题型的解答部分对每个选项均有解说，录音时可以按照**"题干→选项①→选项①解说→选项②→选项②解说"的顺序，**用类似"一问一答"的方式录音，让"听学"时的思路更顺畅。

而在录制"一问一答"习题集时，按照"问题→答案→问题→答案"的顺序朗读即可。这样在"听学"时也自然是流畅的。此外，"一问一答"习题集里的题目大多也是分科目的。只要按照页码去朗读、录音，自然能把同一科目的题录在一起，方便听学时有针对性地强化那些较弱的科目。

上网获取优质的"听学"教材！

由于"听学"可以一边做事，一边进行，实践后，我发现可以用来学习的时间比预想中的要多。于是我想：也许可以听一些"别人的录音"。

这里我想推荐的是 Bilibili（视频网站）上的视频资源。目前 Bilibili 上不仅能找到资格考试的网课，还有许多介绍考试技巧的视频。如果能把这些资源利用起来，就算不把钱和时间交给学习班，只用一部手机和蓝牙耳机，同样可以搭配出一套课程通过考试。过去，我在备考时，就曾用蓝牙耳机听学过 Bilibili 上的网课。

不过有一点需要注意。Bilibili 是免费的，无疑是一大优势，但是相应地，上面也有许多非专业人士照猫画虎的网课，其中一些内容甚至是错误的。因此在利用 Bilibili 搜索网课时，一定要综合考虑以下几个方面。

选择网课时需要关注什么

● 在相同题材的视频账号中订阅人数较多（至少过万）；

- 视频账号开通至少一年；

- 每周至少更新一次；

- 视频发布者是专业人士，例如有职称的讲师或某行业的从业者。

这些信息均可以在视频账号的主页上进行确认。

一些网课会推销高达几千几万元的教材，我个人不推荐购买。**几乎所有的职业资格，都可以仅靠书店里的教材通过考试。**如果已经听够了自己的录音，就去视频网上找 些资源来听吧。

在浴室、卫生间和门厅里贴便签！看到就是学到

"怎样才能增加一天当中吸收知识的机会呢？"在思考这个问题时，我想到了一个办法，就是边泡澡边学习。

大概是祖父经营过澡堂的原因吧，我特别喜欢泡澡，每天都要在浴缸里泡上30分钟。我决定把这个时间也利用起来，于是**打印了需要记忆的材料，做过防水处理（塑封）后贴在浴室墙上。**

得益于浴室里放松的气氛，我松开了端坐书桌时肩膀上的力道，仿佛连记忆也变得轻而易举。由于每天泡澡时都会复习一遍，墙上的知识很快就记牢了。

有了这次的成功经验，我发现记东西不一定要刻意去背，只要让材料融入生活，经常出现在视线里，就可以不费力地记牢。

把卫生间和门厅也变成学习场所

从卫生间的墙上、门厅里、电脑屏幕旁边开始，我把需

要记忆的材料贴在家中各处。**不用刻意去学，只要让它们出现在视野里就能轻松记牢。**

上一章讲"旋律记忆法"时曾提道，法律类资格需要记忆的内容非常多，因此，"如何省力地记住考点"就成了每个考生的必修课。如果只需要不时地瞥一眼就能记住，这个方法还是相当值得一试的。

不是早起的"百灵鸟"也没关系

由于我习惯学习到深夜，有人建议我"不如早点起床学习"。就结论而言，我认为"不一定要早起学习"。会这样说，是因为我曾尝试将"每天学习到夜里 2 点"调整为"早起学习"，结果失败了。

让一个不会早起的人改变生活规律，其实比想象中困难得多。我可以努力做到早起，但在这种状态下我是学不进去的。而且因为起得太早，晚上困得也早，结果原本能集中精力的晚间时段也荒废了。

为了备考改变生活会给我们带来意想不到的负担，我个人不建议这样做。

重在做到生活、学习两不误

相比早起，更重要的是尽量保持原有的生活习惯。

特别是需要上班和操持家务的人，平衡好学习与生活之间的关系非常重要。将学习放在首位，有可能导致工作进展不顺利或家务越积越多，结果为自己平添了不少压力。很多人正是因为承受不住这种压力，做出了"放弃学习"的决定。类似这样的与学习动力有关的问题，我们将在下一章中具体说明。

是"百灵鸟"还是"夜猫子"并不是问题，关键是要从自身感受出发，不要让自己被不适合的生活习惯所累。

第 3 章

做好动力管理，避免三天打鱼两天晒网

考试成功，9 成取决于动力

　　在前面的章节中我们讨论了"如何制订学习计划"，以及"如何按照计划学习"。不过，要想在备考期间确实地将计划落实下去，做好动力管理非常重要。

　　可能会有人说："唯心的东西就算了吧。"但我要说的是，这样的考生更应该仔细读读这一章。为什么呢？因为如果做不好动力管理，无论使用什么学习方法都很难考过。

　　记得第一次备考时，我只知道学习，从不考虑学习动力。结果，我的情绪变得起伏不定，每过一段时间就会产生放弃考试的念头，或是冲周围的人宣泄情绪。

　　可就算是这样，我仍然每天学到半夜，就连周五晚上也要逼自己学到很晚。

　　"资格考试至少要学满 1000 小时。"正是因为把这个"普遍标准"强行套在了自己身上，我才给自己制订了如此苛刻的学习计划，并因此让自己陷入自我厌恶的"恶性循环"：如此学习了几周之后，我已经不想翻开习题集了。

1. 学习贵在持之以恒

从这件事中我吸取了教训：再有效的学习方法，做不到持之以恒也没有意义。而要想做到持之以恒，就要首先做好动力管理，尽可能让自己保持稳定的精神状态。

过去在备战中考和高考时，因为有一起奋斗的同学，前进路上可以互相勉励。那时虽然没有"动力管理"的意识，但是处在那种的氛围中，学习劲头自然会被调动起来，所以很少有人掉队。

2. 资格考试是一场孤独的战斗

相比之下，资格考试没有强制性，也并非到了一定年龄人人都要参加。

当一个人开始为了将来考虑，有了想要"自我提升"的意愿时，就已经站在了起跑线上。从这个角度讲，资格考试从一开始就是一场孤独的战斗。

站上起跑线也好，中途退场也好，全凭个人意愿，这就是资格考试。

以房地产交易人考试为例，由于没有报名限制，任何年龄不论男女都能参加，所以从你决定"要取得资格"的那一刻起，你就已经是考生了。

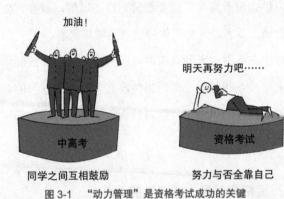

图 3-1   "动力管理"是资格考试成功的关键

但是相应地，如果因为"工作太忙受不了"想放弃，也很简单，完全不会遇到放弃中高考时那种阻力。正因为如此，我才会说动力管理和学习方法同等重要。相比实践性强的学习方法，精神层面的方法论往往不被重视，甚至遭到藐视。但是在备考这件事上，还请大家不要对任何一方掉以轻心。

首要目的是"防止动力下降"

常有人问："怎样才能提高学习动力呢？"这个问题其实偏离了动力管理的主旨。

首先需要强调的是：动力下降是必然的。大家不妨想一想，在整个备考过程中，什么时候的学习劲头最强？毫无疑问，是"决定参加考试"的那一刻。

动力在这一刻已达到顶峰，之后**如果不去主动干预，动力只会随着考试的临近不断下降。**开始备考以后，考生可能因为习题太难而受挫，也可能因为工作突然变忙而失去学习时间，所有可能遇到的情况都只会让动力下降。

动力一旦下降便很难恢复，所以不妨认为**"动力只减不增"。**既然我们的目标是通过考试，就有必要正视这一点。在此基础上，使用我实践过的自我管理法，即可有效地防止动力下降。这个方法不仅适用于备考，还可以帮助我们更好地享受生活。后面我会为大家具体讲解。

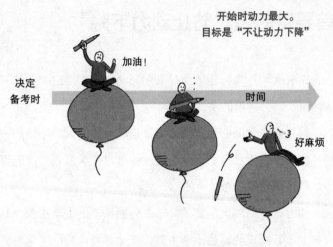

开始时动力最大。
目标是"不让动力下降"

决定
备考时

加油！

时间

好麻烦

图 3-2　重要的是"防止动力下降"

学习不是拼命！尝试"动力储蓄"

社会人的"应试"学习，大都是从工作、家务和育儿结束以后的晚间开始的。我也是这样。由于时间有限，很多时候，**我们的状态会直接影响学习的进展情况。**

比如，我们这天工作顺利，签下了许多合同，所以心情不错，完成当天的进度后仍感觉头脑清明。

遇到这种情况，大家会怎么做呢？恐怕很多人会想：既然状态不错，不如多学一点，这样以后也能轻松些。这种想法乍一看无可厚非，却有可能导致考试失利。

防止学习动力下降，关键在于"不要打乱学习节奏"。 因为状态好，所以学得比平时多。当天虽然因为状态好没有任何不适，第二天却会因为前一天超额努力了而感觉疲惫。**这些说大不大的疲惫积累起来，渐渐就变成了巨大的压力。**

　　曾有一段时间，每逢休息日的时候，我都会不管不顾地从早学到晚。这样一天下来的确感觉很满足，但是第二天，我却不得不带着一身疲惫去上班。这样过了一个月，据说我不论是在对待家人还是在对待同事的时候，都没好脸色。

1. 状态再好，也要放得下

　　那么到底该怎样做呢？答案是"该放下就放下"。即使状态好，还可以继续学习，但如果已经完成了当天的计划，就不要勉强自己，痛痛快快放下学习去睡觉吧。

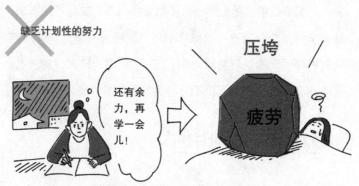

缺乏计划性的努力

还有余力，再学一会儿！

压垮

疲劳

疲劳越积越多，而且会损害学习动力

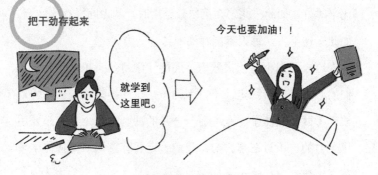

把干劲存起来

今天也要加油！！

就学到这里吧。

"想继续学习"的心情
是可以留到明天的

图 3-3　建议你"把干劲存起来"

我们要做的，是把"今天还想要学习"的冲动坚持下来，结束学习，然后带着"想继续学习"的愿望去睡觉。此时被我们积存下来的学习意愿，就是"干劲"。因为没有得到满足，这部分动力到了第二天仍不会消失，这就是"动力储蓄"。

2."动力储蓄"的好处

因为动力存在结余，第二天开始学习时，我们的状态会比平时好。如此一来，在第二天结束时，动力同样存在结余。如此运转下去，每天都能存储一部分动力。

这样不但不会积攒压力，还能让学习劲头越来越旺。我们的心态将变得稳定，不再因为一些小的挫折就失去动力，放弃考试。当然了，在考前一个月的冲刺阶段还是有必要用尽全力的。不过在那之前，我们一定要有意识地把握住学习节奏，把动力存储起来。

不要让工作上的不顺利和疲劳影响到学习

社会人的"备考难"，也是因为学习动力会受本职工作影响。比如对销售岗位的人来说，业绩没有达标必然会影响到学习动力。有时并非备考出了问题，而是工作上的不顺利导致动力下降。就拿我自己来说吧，工作遇到麻烦的时候，我也会想：都已经这么糟心了，为什么还要学习呢！

既然要边工作边备考，这种情况就在所难免。那么该如何应对呢？我的解法是"在下班路上学习"。

养成"踏出公司大门就开始学习"的习惯

简单来说，就是从踏出公司大门那一刻起就戴上蓝牙耳机，开始学习。

工作一结束马上开始学习。这样从走出公司的那一刻起，就把所有工作上的事抛在了脑后。时间久了，你会觉得在下班路上学习是一件理所当然的事。

　　关键是要"养成习惯"。学习一旦成了习惯，就会无往不利。

　　养成习惯以后，即使没有学习的理由，一个人也会在特定的时间自动进入学习状态。这项技能，考生无论如何都应掌握。

　　过去我在备考时，只要出了公司大门就不接任何工作电话，回家以后也不谈工作上的事。只要能将工作和备考彻底隔离开，就可以有效地避免将工作压力带到学习中去。

备考的事应尽量保密

如果决心参加考试，就应该把这件事告诉同事和朋友，以此断掉自己的退路。虽然有人这样建议，不过从动力管理的角度讲，我反对这样做。

1. 不给自己留退路，是自取灭亡

把决心公之于众，让自己无路可退，也是一种战术。但是在备战资格考试的时候，很多人却因此让自己不战而败。他们会认为公开也没关系，是因为当时心气高。然而，一旦状态下降了，就会从周围接收到更多压力，直到有一天承受不住了，甩下一句"今年工作太忙了，明年再说吧"，以这种万能的借口让考试以失败告终。

过去我在备考时，除了妻子以外，考试的事没有跟任何人提过。这样不但不会从周围感到压力，通过考试时还能起到一鸣惊人的效果。

"如果突然告诉他们我考过了，他们会是什么反应呢？"对我来说，这种期待也是让我努力备考的动力之一。

2. 向他人倾诉只会带来风险

一个人在向新领域发起挑战时，心里往往是没底的，因此会抑制不住地想找人倾诉。但是在挑战资格考试这件事上，最好不要把家人以外的人当作倾诉对象。为什么这样说呢？因为绝大多数情况下，在你的周围，不会有多少人希望你独自成功。

朋友也好，同事也好，没有多少人真心希望你取得职业资格，实现自我提升，进而变得越来越成功。

"太难考了，算了吧！""据说那种资格根本没用！"有些人只会竭尽全力地拖你后腿。

考试这件事，贵在迎难而上。向他人倾诉，大多数时候只会让我们知难而上的决心受到打击，除了与我们自己利益一致的家人。我个人不建议把此事向他人倾诉。

图 3-4　不要向朋友和同事倾诉

不要刻板地认为"备考需要一年时间"

在你看来，资格考试要准备多久才能去赴考呢？

可以肯定的是，不同类型的资格考试，需要的学习时间也是不同的。但同时我们也要看到，许多人对此怀有思维定势：一旦说到国家级别的职业资格，就会不自觉地认为**"最好提前一年开始准备吧"**。准备得越久越好，这种观念其实是我们在备战中高考时形成的。

但**资格考试不同**。以房地产交易人考试为例，一般认为需要 500 小时的学习时间。很多人就是因此得出了"最好提前一年开始准备"的结论。不过根据我的经验，**准备半年就去赴考也绝对没问题**。

对社会人来说，备考的时间不一定越长越好。因为需要上班，每天能用来学习的时间是有限的，准备得越久，越可能出现"学过又忘记"的情况。

另外，**"备考的时间变长了"，也意味着"需要在更久的时间里维持记忆"**。

比较理想的方案是，可以根据个人情况和考试的建议学习时间（如 500 小时），推算出备考的起始日期。这样"学过又忘记"的风险便可以被降至最低。

备考时间越长，需要维持记忆的时间就越长

图 3-5　延长备考时间的坏处

懂得对家人心怀感激

想象一下：你正在自己房间学习，起居室里不断传来孩子玩耍的吵闹声。你会怎么做呢？"我在学习，安静点！"想必这句话是大多数人的心声吧。但我要说的是，你彻底错了。

1. 应该马上丢掉的观念

因为自己在学习，所以周围要保持安静。这句话背后的逻辑是：学习比什么都重要。

上学时，每当我们要用功了，家人就会自觉地配合我们，安静下来。有时候还会主动端来夜宵。这样的经历让我们不自觉地认为：学习意味着家人理所当然地配合。但我必须说，这样想是不对的！学习的确辛苦，但再辛苦也是你自己的选择、你自己的挑战。不可以自顾自地认为家人理应配合。

在这份关系里，每个考生都应该看清：家人的配合是他们的忍让和付出，**我们应该心怀感激。**在我看来，这份感激的心比什么都重要。如果每天都怀着对家人的感激去学习，我们对待家人的态度也将发生 180 度的转变。

2. "今天也要学习吗？"妻子的一句话改变了我

"休息日一定要拿来学习。"过去我在备考时，这种类似强迫症的想法一直压在我身上。当时我已经成家，可是每当熬到了休息日，我还是哪儿也不去，只顾在家学习。

在妻子看来，那段日子一定过得很无趣吧，但她依然毫无怨言地支持着我。直到有一天，她落寞地问："今天也要学习吗？"当我看到她的表情时，感觉自己深受触动。妻子因为我备考的事，究竟忍受了多少无趣的生活和压力啊！

当初我想要取得资格，应该也是为了能让家人过得幸福。我因此清醒过来，我的做法是有问题的。一直以来我能够专心学习，全是因为有妻子的支持，因为她毫无怨言地处理好了所有家事。意识到这一点，我对备考的看法产生了 180 度的转变。

3. 所有压力都消失了

自那以后，我在备考期间不但和妻子去了迪士尼乐园，还每周去新宿购物。我的"负罪感"消失了。自从对家人有了感激之情，我曾经因学习而产生的各种压力全部消失了。

现在让我们回到开头那个问题。想象一下：你正在自己房间学习，起居室里不断传来孩子玩耍的吵闹声。你会怎么做呢？如果对家人心怀感激，孩子的吵闹声也只会让你感到"他们真有活力""赶快通过考试，然后陪他们一起玩吧"。那吵闹声从此不再让你心烦意乱。他们为你端来茶点时，你也能够笑容满面地、发自内心地予以感谢。

同样是家有考生，我们与和谐圆满的家庭氛围之间，也许只差了那么一点感激之情吧。

4. "备考时离婚"的悲剧

我曾听几位参加过房地产交易人考试的人讲述他们的经历，其中就包括这样的事：因为心中没有感激而对妻子发泄不满，结果在备考时离了婚。

虽然每个人参加考试的初衷各不相同，但最终想要实现的，难道不是"家人的幸福"吗？ 人如果忘记了感激，就会连最重要的东西也无法留住。

懂得感激的人，路不会太难走。这是我身为一名考生时的切身感受。

"现在开始还来得及吗？"

"现在开始还来得及吗？"常有人这样问。我的回答一向是**"来得及"**。即使在考前一个月有人这样问，我也同样会这样回答。我能在短时间内取得9项资格，关键就在于"争分夺秒"。如果你已经下定决心要取得资格，就应该竭尽所能、尽早地通过考试。这样对你的人生才是最有利的。

然而，**大多数资格考试每年只举办一次。错过了这一次，损失不可估量。**

根据我的体会，只要你认为成功率超过50%，当年就一定要去赴考。比如可以把真题当模拟考来做，如果两次中有一次及格，就要去赴考。

有的考生害怕考不过，一定要学到差不多能得满分了才敢去考。我非常不推荐这样做。除非是像日商簿记①这种每年举办多次的考试，可以另当别论；大多数资格考试一年只有一次，仅仅因为没有十足的把握就选择放弃，太可惜了。

而且就算今年放弃了，扎扎实实学习一年，也不能保证

---

① 相当于我国的会计职称考试。——译者注

明年 100% 可以通过。永远要接受失败的可能性，这样去挑战才能充分利用好每一次机遇。只要成功率超过 50%，报名费就算没有白交，这一年一定要去赴考。

我由衷地希望所有发愁学习时间不足的人，都能在短期的突击学习后参加考试，希望你们不要放弃。

"现在开始还来得及吗？"只要不放弃，就永远有可能成功。这就是我想对所有在备考中感到不安的人说的话。

第 4 章

考前 6 个月、考前 2 个月及考前 2 周的最高效学习法

考前 6 个月学习的 3 个要点

在这一章中，我想谈一谈在"考前 6 个月""考前两个月"及"考前两周"3 个阶段的学习中应注意什么。

为什么要分阶段呢？**以"考前 6 个月"为例，这个阶段的注意点和最终冲刺阶段的"考前两周"完全不同**。不仅限于房地产交易人考试，几乎所有类别的资格考试都是如此，大家可以结合实际情况将这些要点运用到学习中去。

根据我的经验，从考前 6 个月开始边工作边学习，是足以达到考试要求的水准的。

下面首先说一说在"考前 6 个月"这个阶段应注意的 3 个要点。

要点①："不忘"比"学会"更重要

"总之先把所有科目过一遍"，是我们在备考时常有的想法。也因为如此，我们总喜欢把进度往前赶。不是说这样不好，但**如果忽视了复习，结果很可能是"学过多少忘记多少"**。

还有，如果是按科目学习，我们往往在开始新科目的同时就对学过的科目不闻不问了。这样肯定是不行的。像我这样不擅长学习的人，学过的东西只要不复习，一个月以后就彻底忘记了。这样会打击学习动力，因此一定要极力避免。

值得一提的是，随着复习次数的增多，回想的速度也会变快，复习一次并不需要花太多时间。

不过，如果复习只是重温一遍习题的答案，相当于只复习了真题里的"知识点"。这对正式考试来说是不够的，所以要连"相关知识"也一并复习。能否通过考试，关键就在这里！

要点②：不容易得分的科目，不要深入学习

不论哪种资格考试，都有相对"不容易得分的科目"。这类科目通常不是只需要死记硬背就能解题的"记忆类"科目，而是以计算题或法律案例为主的**"实务类"科目**。如果是记忆类，只要把知识点记牢，大多数题目都能做对，但实务类考查的是以下两种能力：

第一，记忆力，记住所需知识点的能力。

第二，应用能力，恰当运用知识推导出答案的思考能力。

实务类科目非常考查考生的应用能力。由于只背考点是没用的，**即使花了时间学习也不一定能拿到分数**。而且实务类不同于记忆类，非常"挑人"，有的人生来擅长，有的人

就不擅长，我就属于后者。

如果实际解题后发现某个科目自己并不擅长，就不要花时间深入学习了。这时可以按计划向下一科推进。

以房地产交易人考试为例，翻开参考书第一页，通常都是"限制行为能力人"这一节。没有法律基础的人可能会看得一头雾水，但参考书就是以此为开篇的。既然暂时还看不懂，就不要和它较劲了。如果非要把它彻底搞懂再前进，会非常花时间，况且这部分内容也不是年年都考，不建议把时间耗在这里。

凡是涉及权利关系的内容（如民法），建议先笼统地做一遍题，不懂的地方以后可以慢慢补。卡在这里死缠烂打，受挫的可能性很大，一定要注意这个问题。

哪些科目不建议深入学习？

房地产交易人、公寓管理人和管理业务主任 3 种资格对民法的要求都很高，正式考试的难度也往往较大。

此外，行政书士考试在商法、社会法这两科的出题面较广，但是占的分数并不多，所以不建议在这里花太大力气。而且就算深入学习了，正式考试中也不一定有时间做这两科的题。

特别是行政书士考试，全部是"五选一"题型，光读题就很花时间，有时甚至在规定时间内做不完考卷。我因为阅读速度慢，对于商法和社会法这两个性价比不高的科目，正式考试中会采取只做简单题的策略。

就结果而言，这个策略优化了我的时间分配，让我成功地通过了考试。

要点③：将学习进度可视化

一边工作或者一边忙家务一边备考，学习无法按计划进行是常有的事。这种情况一再发生，考生就会越来越急，以至于冒出"明年再考"的想法。这样肯定是不行的。

心态会变得消极是因为无法把握学习进度。换句话说，无法清晰地看到"哪些科目已经完成了，哪些还没有开始"。所以一旦学习时间得不到保障，心里就会焦躁不安。

我的解法是将"学习进度"可视化。请看图 4-1，它是我在备考行政书士时使用的大量记忆表（样式与 26 ～ 27 页的大量记忆表略有不同，但功能一致）。学到哪里了，就用马克笔在表中哪里涂色，这样一来，"已经学过的科目"和"尚待学习的科目"变得清晰可见，焦虑就消失了。重点是将学习进度"可视化"，使其一目了然。涂色的区域增加了，"自信"也会跟着增加。

攻略习题集　记忆日程安排

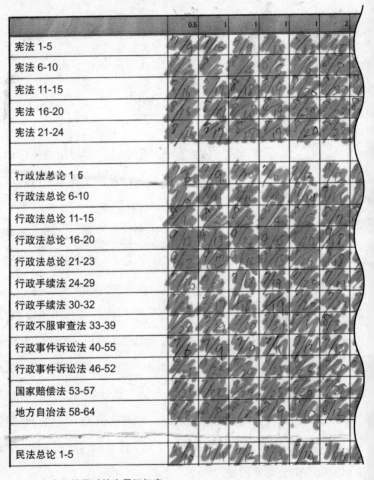

图 4-1　作者实际使用过的大量记忆表

学过的地方用马克笔涂色

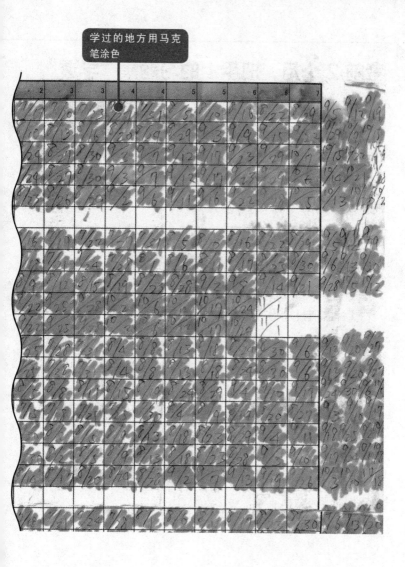

考前 2 个月，把手上的习题集 "学透"

考前 2 个月，许多考生会陷入不正常的 "买买买" 的状态。进入这个阶段，考生每天都要和 "焦虑" 作斗争。考生一旦陷入焦虑，就想用买参考书和习题集的方式来抹平心里的不安。

我也经历过这个状态，当时还买了不少书。但我想说的是，请大家专心把手上的参考书学透。即便买了新书，考前也是来不及学透的。

大家都听过 "狗熊掰棒子" 的故事吧？

除少数人外，普通人的记忆容量都是有上限的。当我们正在从手上这本习题集里吸取知识时，伸手去拿另一本书，就可能把已经存在于大脑里的记忆挤掉。习题集也好，参考书也好，刚开始接触都需要一个适应的过程。我们对正在使用的教材已经非常熟悉，这是优势。换作新买的教材，版式和风格都变了样，使用起来一定会感觉不顺手，将极大地影响我们的学习效率。

1. 怎样才算"学透"

在考前 2 个月，我们需要把手上的习题集和参考书"学透"，特别是考试中容易得分的科目，一定要彻底掌握。既然要"学透"，光会做题是不够的，会做题只是最低标准。**把"解题的步骤"和"真题的相关知识"两方面完全掌握，**才算是真正"学透"了。曾有已经通过考试的房地产大学的视听用户在留言中表示，"只靠一本参考书和一本习题集就合格了"。这种情况绝非少数。

2. 什么书可以买

当我们陷入焦虑并开始到处搜刮教材时，发现可用的教材已经快卖光了，而且这些书都不便宜。**在考前 2 个月，唯一值得购买的教材是预测模拟考题。**无论如何都要买书的话，就买这种吧。不过新教材到手以后，我们仍要继续学习之前使用的习题集。要确保已经学会的东西不被忘记，这才是最重要的。

把学习重心向新教材倾斜，有可能导致此前的努力和积累坍塌，一定要注意这一点。

考前 2 周，进行自我模拟考

对考生来说，考前 2 周是一个"超期红利期"。这 2 周的意义与此前任何一个 2 周都截然不同。

我始终强调，备考的最大难点是"学过又忘记了"。不管备考的时间有多长，如果学过的知识无法在考试当天回想起来，便失去了意义。因此，为了做到"不忘"，我向大家介绍了使用大量记忆法的学习方法。可以肯定的是，直到赴考那天我们都将继续这种学习模式，但同时，我们也要利用好最后 2 周的"超期红利期"。

考试前 2 周，关系我们能否把学过的知识悉数转化成分数，所以，我们的目标是把大脑里的知识一点不落地维持到考试当天。不夸张地说，这 2 周的学习方式将决定我们能否通过考试。

这 2 周时间该如何利用呢？在我看来，要点有两个。

1. 将复习进行下去

一定要继续使用大量记忆法。这里如果松懈了，好不容易积累起来的知识就会出现漏洞。复习时一定要兼顾到"解题步骤"和"相关知识"。忽略了这两方面，考试中一旦遇到陌生题就束手无策了。

2. 多次自我模拟考

我没有参加过社会上的模拟考试。我的做法是购买预测模拟考试的习题，自己在家做。市面上的模拟考试题，通常买一本可以做 3 次。为了达到自测的效果，这一本 3 次至少要做完。

我的建议是，如果你只有使用真题模拟考试的经验，一定要买一本模拟考试题。

根据我的经验，即使已经用近 5 年的真题给自己模拟考过了，而且做得很顺，做买来的预测模拟考试题时也可能很吃力，而且时间只是刚刚够用。

原因在于，备考本身就是以真题为主，用真题模拟考试，很多题目都是做过的，自然感觉迎刃而解。但是买来的模拟考题，几乎都是第一次做，所以需要花时间思考。

正式考试时如果缺乏做陌生题的经验，考试节奏会被突然打乱，考生会惊慌失措，严重影响临场发挥。因此，如果还没有用陌生题模拟考过，一定要买一本做做看，**这样才能知道"做陌生题需要的时间"，并在此基础上找到适合自己的考试节奏。**

如何应对考场上的各种状况？ 2 个方法打造强大的考场心理素质

考试当天可能会遇到各种"状况"。就拿到场的考生来说吧，有的人是赌上人生来赴考的，有的人则只是抱着撞大运的心态来"考着玩"的。特别是像房地产交易人这种人气较高的资格，这种倾向格外明显，有的人甚至连参考书都没怎么看过，就莫名自信地来考试了。赶上和这样的人一个考场，还是邻座，**我们为了赴考提着的那股气很可能被泄掉**。在网友发来的经验谈中，就提到了几种真实发生过的状况：

（1）邻座的人在考试中轻快地用脚打拍子。

（2）邻座的人很快做完了卷子，然后趴在桌子上，脸冲着这边睡觉。

（3）考官走到自己附近时，手里的资料撒了一地。

可能有人会说，一般不会遇到这种事吧？但是就我的经历来说，考场上确实会发生各种意想不到的状况。其中至今令我印象深刻的，是一场"厕所风波"。

1. 考试前 5 分钟，教室里一片哗然

那是我去赴考管理业务主任时的事。考场设在一所大学里。我们在考前 30 分钟进入考场。

之后答题卡和试卷发了下来，考官开始宣读考场规则。这时，我旁边那一列的一个考生突然举起手，说"想去洗手间"。

此时距离开考不到 10 分钟，考官有些犹豫，但还是批准了考生的要求。那个考生就急匆匆地走出了教室。

结果这引起了另一名考生的抗议：**"现在已经不能去厕所了吧？"** 一般认为在试卷发放后，为防止考题被泄露，让考生独自去卫生间的做法是不可取的。或许是考官判断考试还没有开始吧。

教室里一下子变得嘈杂起来，考官也慌了神，掏出手机不知和谁讲了起来。此时距离开考还有 5 分钟。

就结果而言，考试照常进行，那个去厕所的考生后来是怎样处理的我并不清楚。我想说的是，**临考前发生这种状况，我们的考试状态很可能受到影响。**

此外，近年来，由于受新冠肺炎疫情影响，考场上也出现了许多新的状况。比如因为需要开窗换气，考生就被完全

暴露在了周围的噪声中。**尤其是当考场设在车站或商店街附近的时候，一定要注意**。

此前就有在疫情期间赴考的人表示，考试中因为从 KTV 传来的纵情演唱而无法集中精力。为了不让备考的努力功亏一篑，下面将介绍两种能够提升心理素质的方法。

2. 提前做好心理建设

如果默认考场里是安静的，可以专心考试。万一遇到上述状况，考生可能会因为心情烦躁而无法集中精力。所以不论当天遇到什么状况，我们都要保持一个平和的心态。**在考场里什么样的人都可能遇到，会听到噪声也不稀奇**。如果能像这样给自己做好心理建设，那么到时候不论遇到什么状况，我们的心态都是平和的，能够把注意力放在自己身上。具备这种能力非常重要。

3. 让自己习惯在嘈杂的地方学习

习惯了在安静的书桌前学习，突然来到嘈杂的地方，专注力可能受到影响。为了迎接正式考试,我们有必要提高自己的适应能力。

比如,**可以专门找人多的地方,或是公园、咖啡厅、大众餐馆等不太安静的环境,**做习题也好,使用第2章介绍的"听学"来学习也好,**用这种方式锻炼专注力。**

考前焦虑，你的最佳搭档

每逢考试前夕，我都会收到许多关于焦虑的留言和提问。

"感觉要被焦虑压垮了！"
"请教给我对抗焦虑的方法。"

在这个问题上，我其实很想反过来问问大家："真的有必要消除焦虑吗？"在我看来，焦虑也可以是我们的**"最佳搭档"**。

打个比方，本周末你将参加巧克力鉴定师的资格考试，但你准备得并不充分，去赴考只是想碰碰运气。那么问题来了，这种情况下你会焦虑吗？不会，对吧。因为你没有努力学习过。你觉得考不过也没什么。这种时候，焦虑是不会跟着你进考场的。

"焦虑"负责为你加油鼓劲

这个名叫"焦虑"的搭档，只有在你拼命努力的时候，才会被你的强大意愿所吸引。

它会在你备考时陪在你身边，时刻提醒你不要松懈，不要大意。

"焦虑"不是来压垮你的，而是来激励你的。

只要不主动逃离"焦虑"，它就会一直为你声援。

并且，**如果你在备考中尽了全力，"焦虑"就会在考试当天离你而去，同时将"自信"赠送给你作为交换。**

所以，你会感到焦虑，说明你正走在成功的路上。

如果有一天你成了考生，因为焦虑备感煎熬，请你回想起这句话："焦虑是你备考期间的'战友'。"它会在你迎来考试那一天消失，从此不再出现。感到焦虑是暂时的。所以请你理解这种感受，千万不要因此止步不前。

只要你还在前进的路上，焦虑总有一天会变成自信。

第 5 章

考试当天拔高分数的 10 个小技巧

在这一章中，我将介绍 10 个适用于考前准备阶段和考试当天的小技巧。用好这些小技巧，你在考试当天的分数可能会大幅提升。

注意身体状况，避免受伤

可能有人会说，又不是去参加体育比赛，和身体状况有关系吗？可是，如果身体不在一个完备状态，考试时是无法发挥出 120% 的实力的。

就拿我第一次参加房地产交易人考试那天来说吧！大概是因为前一天学习到了半夜，走进考场时我困得要命。我是靠喝高浓度咖啡因饮料坚持了下来的，但考试状态远不及平时，结果以一分之差与资格失之交臂。

几个月的辛勤努力，就因为考试当天状态不佳而功亏一篑。有过这样的惨痛教训后，我开始把健康管理积极纳入考前的准备工作中。在我看来，考前的健康管理主要应做到以下两点。

1. 前一天早睡，当天早起

为了能以最佳状态赴考，考试前一天不宜学习到太晚，10 点左右就可以收工睡觉了。睡得太早反而睡不着，等到 10 点有些困了，刚好适合入睡。

不过从备考心理的角度讲，临考前想最后复习一遍的愿望应该被满足。我的建议是考试前一天早睡，考试当天早起，把最后的复习工作留到考试当天。

由于资格考试很少设在早晨，7 点起床，仍然有几个小时供我们复习。早晨学习，效率会比前一天晚上高，而且可以使大脑进入"怠速"状态。根据我的经验，考试当天早一点起床，让大脑运转起来，这样在考试开始时，临场状态是最好的。

2. 注意不要伤到手

　　资格考试的答题方式多为用铅笔涂写答题卡，因此，涂写答题卡的速度将直接影响答题时间。临考前划破手指，有可能打乱考试中的时间分配。

　　为了降低手部受伤的风险，**考试前一周应尽量减少做饭和参加体育活动的次数。**

考场上的 3 件"法宝"

说到考试当天需要带的东西，一般都会想到准考证和文具。不过，**为了减少考试中的不利因素，让自己发挥得更好，我还为赴考准备了 3 件"法宝"。**

法宝①：牙刷

可能有人会问："为什么要带牙刷？"在我看来，牙刷是必备品。

考试当天，我们一般会提前来到考场附近，但如果考试设在下午，中午就需要在附近就餐。不论午饭吃什么，万一塞牙了剔不出来，怎么办？我就遇到过这种情况。当时考场设在大学里，我中午在校园里吃了饭团，结果塞牙了，怎么漱口都没用，特别影响心情。

我想找一家便利店买牙刷，没想到学校面积特别大，便利店在校园的另一头。后来牙刷买到了，但是也**浪费了考试前宝贵的时间。**

自备牙刷的好处就是，可以避开这种麻烦。考试一年只有一次，一定要做好万全的准备，避免所有可能发生的问题。这就是我在取得 9 项资格后总结出的经验。

法宝②: 口罩

如今受新冠肺炎疫情的影响，口罩成了考场上的必备品。不过，选口罩也要用心。带去考场的口罩，**事前一定要利用模考的机会试用一下。**

因为疫情关系，市场上充斥着各种口罩，不同产品的佩戴舒适度差异很大。买口罩当然要选防护能力强的，但作为考试用口罩，我们还应留意以下三方面：

● 透气性

部分布质口罩质地厚，防护性能好，但考试中佩戴可能感觉呼吸不够通畅。建议**先实际佩戴两个小时，检查口罩的透气性。**

● 眼镜起雾

戴眼镜的考生一定要**检查镜片是否会因口罩起雾**。尤其是冬季赴考时，镜片起雾可能导致注意力不集中。

我是尖鼻头，呼吸时口罩容易漏气让眼镜起雾。我的解法是购买眼镜防雾剂，或佩戴贴紧鼻梁的口罩。

● 尺寸大小

考试中一点小事都可能导致注意力分散。口罩如果尺寸刚好，连续佩戴两个小时耳朵会痛。最好准备一个松一点的口罩，进考场前换上。

法宝③：葡萄糖

葡萄糖（如汽水）是大脑的能量来源。考试当天适当补充葡萄糖可以提高大脑运转速度，使注意力更集中。葡萄糖在药店就能买到，不过，我推荐喝葡萄糖汽水。汽水方便带进考场，喝的时候也很省事。

这件事考试当天绝对不要做

有一个绝对不能犯，但很多人都会在考试当天犯的错误，那就是"喝能量饮料"。

　　为了让自己兴奋起来，很多考生会在进考场前去便利店买能量饮料。我个人不推荐这样做。含大量咖啡因的能量饮料具有很强的利尿功能，摄入后会让人想上厕所。换作平时可以直接去上厕所，但考试中没有那个工夫。部分考试可以在考官的陪同下去卫生间，但考试时间原本就不富裕，何况尿意也会导致注意力分散。

　　喝能量饮料对考生来说没有任何好处。

用"错题清单"对易错题做最终排查！

在考试当天你会怎样复习呢？大多数考生都是第一次赴考，由于不知道该怎样复习，只能把参考书翻了又翻。临考前的复习其实很关键。

易错题也能迎刃而解

假设有一些类型的题，不管遇到多少次还是会错，我们管这样的题叫易错题。易错题如果放着不管，正式考试时再次遇到，大概率还是会做错。那么，如果临考前重新刷一遍易错题，考试中有没有可能就会做了呢？

我想说的是，"花费一年时间彻底理解并学会的知识"与"临考前扫过一眼突击出来的知识"，虽然付出的努力不同，但它们在一局定胜负的"考场"上的价值是相同的。再难的题，临考前看一眼，做对的概率也会大幅上升。换句话说，临考前刷什么题，就会更容易做对什么题。掌握了这个规律，可以在正式考试中发挥出 120% 的实力。

为自己制作错题清单

临考前要做的不是翻参考书，也不是漫无目的地做题，而是利用事前准备好的"错题清单"做总复习。**从考前一个月到赴考那天为止，凡是在这段时间里做错超过两次的题，都要列进错题清单，然后在临考前完整地复习一遍。**

做错超过两次，说明这个考点不易掌握。正式考试中遇到相同类型的题，丢分的概率很大，因此要在临考前把易错题重刷一遍，提高同类型考题的正确率。

至于那些只做错过一次的题，很可能已经被你掌握了，不需要在临考前额外复习。

下面我想重点说一说错题清单的制作方法。

妙用便签

把所有错过两次的题都抄在笔记本上很费时间。我的解法是直接在习题集上贴便签。

做错两次的题用黄色便签，超过两次的用红色便签。像这样，先按照自己的想法给错题分类，然后为所有错题贴上

便笺。等到赴考那天，带上贴了便笺的习题集，临考前逐一
查看一遍。像这样在临考前针对弱点进行复习，可以达到超
水平发挥的效果。

抄在笔记本上

在习题集
上贴便笺

抄写错题很费时间

做错两次用黄色便笺，超过两次用
红色便笺，让错题一目了然

图 5-1 "错题清单"的制作方法——方便临考前快速阅览！

从擅长的题目开始做，让自己逐步进入状态

接下来要介绍的是在考试开始以后会用到的"考场攻略技巧"。

当开始考试的号令响起，想必几乎所有考生都会**从"第1题"做起，但这不一定是最好的答题方式**。

先做哪道题很重要。如果第1道题做得顺利，考生会想"很好，我能行"，于是后面的题越做越顺，心态也越来越好。反之，如果第1道题就卡住了，考生会想"怎么办，才第1道题"，结果心态一落千丈，后面的题都是顶着焦虑在做。可以说，**整场考试的发挥在很大程度上都是由第1道题决定的**。

以房地产交易人考试为例，前14道题均为"权利关系"问题，难度很大，而且很花时间，难度较低的"房地产管理法"则被放在了后半部分的26～45题。

如果从"第1题"开始做，很可能一上来就栽了跟头，等做到"房地产管理法"时，恐怕已经心乱如麻了。

不要从"第 1 题"开始做，要从简单题开始做！

我的建议是，考试开始后直接跳到第 26 题，从房地产管理法开始做。房地产管理法的题目相对容易，而且不花时间，一路做下去**可以让状态越来越好。**等做完了房地产管理法，心态已经变成了"很好，我能行"，这时再去做权利关系的题目，难题也能沉着应对。

这里虽然是以房地产交易人考试为例，但这个技巧适用于所有我已经通过的资格考试。

既然没有规定要从"第 1 题"做起，**考试开始后就应该从你最擅长、做得最快的题着手。**

一定要进行模考

不过，使用这个技巧有一个前提，那就是一定要进行模拟考试。如果直接到正式考试中去使用，可能会造成"涂错答题卡"这种意想不到的失误。而且**缺乏实际运用的经验，也会让我们对其可行性产生怀疑，导致达不到预期效果。**因此，一定要先在模拟考试中体验过它的效果，再到正式考试中去使用。

用○×标记法消灭低级错误

资格考试中存在大量的"四选一"问题，题型大多为"找出正确的选项"或"找出错误的选项"。

一定要避免的失误

遇到这类题时，如果题目问"正确的是哪一项？"，考生便知道题目要求"寻找正确的选项"。但如果在连续做选择题时突然出现"错误的是哪一项？"，考生就有可能误解题意。

这种本可以做对却因失误而丢分的情况，一定要杜绝。

如果问题是"找出正确的选项"，
就在题目上画○

如果问题是"找出错误的选项"，
就在题目上画×

图 5-2　用"○×标记法"消灭低级错误

我采用的对策，是"读题后在题目上画一个大大的○或 ×"。

如果问题是"找出正确的选项"，就在题目上画一个大○；如果问题是"找出错误的选项"，就在题目上画一个大 ×。

因为有了显眼的视觉提示，误读的情况几乎消失了。虽然是个简单到不能再简单的办法，却能有效减少低级错误，大家一定要试一试。

用"斜杠法"一遍读懂题目含义

部分类别的资格考试，考试时间只够把考卷做完。特别是国家级别的资格考试，往往没有时间反复读题。要想一遍读懂题目的含义，平时就要多下功夫。可即便如此，我发现我还是不擅长理解大段的文字。

不过，自从使用了某个技巧，我也可以做到一遍读懂了。

1. 什么是"斜杠法"？

这个技巧就是"在题目上画斜杠"。用斜杠为题目断句后，即使是长达4行的文字也可以轻松读懂。请看下面一段文字。

● [实例]

"在债权人规定的债务履行期限内经催告无法履行债务偿还义务的情况下，如违约内容按照合同规定或一般社会观念属轻微违约，即使催告期限已过债权人也无权解除合同。"

这是房地产交易人考试中出现的一个选项，由于信息量过大，直接按照原文去读不易理解。因此在阅读这段文字时，我们需要像下文提示的那样，边读边画斜杠。

"在债权人规定的债务履行期限内经催告 / 无法履行债务偿还义务的情况下，/ 如违约内容按照合同规定或一般社会观念属轻微违约，/ 即使催告期限已过 / 债权人也无权解除合同。"

2. 斜杠要在哪里画?

重点在于，"画斜杠的地方不仅限于逗号处"。由于逗号的间隔过大，没有逗号的地方也需要画斜杠。我们可以以**"一个行动的结束"作为画斜杠的标准。**

回到上面的例子，之所以在"经催告"后面画斜杠，是因为接下来的"无法履行"已属于另一个行动的内容。不过，这只是个大致的标准，**只要能方便自己理解，斜杠画在哪里都可以。**备考时多加练习，可以让这个技巧在正式考试中更好地发挥作用。

跳过3个选项，为考试留出"检查时间"

要想有条不紊地完成考试，合理分配时间非常重要。话虽如此，即使在模考中演练过了，许多考生仍会觉得时间只是将将够用。

在这里，我推荐大家使用"跳过3个选项法"。

所谓跳过3个选项，是指如果选择题的选项A是正确答案，就跳过选项B、C、D，直接做下一题。

资格考试的选择题，正确答案的标号往往是均匀分布的，因此必然有一定数量的题目正确答案为A。遇到这种情况，只阅读选项A则可以节省大量时间。阅读一个选项通常需要10秒，此外还有思考时间。跳过3个选项，意味着至少节省了30秒的无用功。例如，题目要求"找出错误的选项"，读到选项A时你已能确定它是"错误的"，那么后面3个选项就不用看了。

是否跳过后面的选项，取决于你对"选项A为正确答案"是否有十足的把握。如果没有十分的把握，而是觉得"好像是它"，那就应该按部就班地去看下一个选项。

说到这里，可能很多人会说：既然不放心，不如不跳过。

目的是留出"检查时间"

请放心，跳过的选项并不会就此不管，而是会利用做完考卷后的检查时间进行确认。

关于检查时间如何利用的问题，可以参考 151 页的说明。因为还有机会检查，跳过选项时就不用犹豫了。

使用这个技巧的目的在于尽快做完考卷。

为什么要尽快做完呢？因为做得慢会产生"焦虑"，特别是在正式考试中，焦虑情绪不可小觑。尤其对读题慢的考生来说，整场考试恐怕都要在焦虑中进行。这样一来，原本踏踏实实能做对的题，也会因为焦虑而做错。而唯一能消除焦虑的办法，就是"尽快做完考卷"。

考卷完成以后，随之产生的"安心感"会抵消掉之前的"焦虑"。这样在考试结束前大约 15 分钟的检查时间里，由于心态平稳了，我们开始发现之前疏忽大意的地方，而之前感觉难度大的题，此时似乎也会做了。就是靠着这个技巧，我曾好几次在交卷前检查出马虎错误，把自己从"不合格"那头救了回来。

　　将该技巧运用到正式考试中之前，强烈建议先在模考中练习使用。只有实践过了，看到过成效，才能充分发挥其优越性。没有经过练习就使用，心里多少会觉得没底。但如果已经实践过了，看到过成效，便不会有这种顾虑，注意力也会更集中。

遇到难题直接跳过去

我参加过的资格考试有一个共同点，那就是**必定会有几道故意为难考生的"难题"**。

不论哪种资格考试，出题时都存在"基础分"和"及格分"的概念。出题人一定会让考生拿到一定的基础分，但同时也会为考生安排几道"不太可能轻易做对"的难题。

从考场策略角度讲，如何处理这些难题将极大地左右考生的整体分数。

如果没有针对难题演练对策的话，花了大量时间却没有做对题的情况就是最糟的，相当于正中出题人下怀。

鉴于此，我的对策是"毫不犹豫地跳过难题"。先快速读一遍题，**如果感觉难度大，就直接跳过去，等别的题都做完了最后再做**。换句话说，把难题都留到后面，先做会做的题，把能拿的分数拿到手，这一点非常重要。

根据我的经验，如果卷子上有 50 道题，难题的数量一般为 3 ~ 5 道。以房地产交易人考试为例，难题通常有以下特征。

（1）需要计算报酬金额；

（2）需要计算继承份额；

（3）选项较长；

（4）考点超纲。

这类考题就算在我们的能力范围之内，做起来也很花时间。把它们留到后面，等别的题都做完了、心态平稳了再做，反而更容易做对。

利用模考练习"跳过难题"

"跳过难题"的关键是"不能犹豫"。**如果已经花了时间才决定"跳过难题"，效率就太低了。**先快速读一遍题，如果感觉会很费时，就要毫不犹豫地跳过去。我们可以利用模考练习这个技巧。

在这里，我想顺带说一说考试中的时间分配。以房地产交易人考试为例，考试时间 2 小时，50 道题，粗算下来每道题需要分配 2 分 24 秒。但现实中肯定不是这样。不同科目的考题，解题速度是有差异的，有的快一些，有的慢一些，所有资格考试都是如此。因此，一定要先利用模拟考试摸清"自己在每一科上花费的时间"，再考虑如何分配时间的问题。

检查时的优先顺序

要想提高考试成功率，做好检查是关键。

学会"跳过选项"和"跳过难题"后，做题慢的人也可以为自己留出至少 15 分钟的检查时间。

检查时需要注意的是"检查的顺序"。

在考题上做记号

由于时间有限，考生需要决定好检查的顺序，然后快速进行检查。为了让检查的顺序一目了然，我会在考题的编号旁边画上记号。

（1）跳过的难题……………………☆

（2）做完以后不太有把握的题………◎

（3）跳过选项的题……………………○

优先顺序为：☆→◎→○。

　　做完试卷上的最后一题以后，首先检查标有☆的题（跳过的难题），之后检查标有◎的题（做完以后不太有把握的题），最后检查跳过选项的题（标有○）。

　　像这样把需要检查的题目清晰地标注出来，检查时就不会为了顺序犹豫不决了。

用最后两分钟检查答题卡

检查完所有题目，还剩下最后一项工作：利用最后两分钟检查答题卡。

好不容易做对了题，却涂错了答题卡，这种失误往往让人后悔莫及。但问题在于，很多时候我们意识不到答题卡涂串了行。所以在交卷前两分钟，一定要将试卷和答题卡好好比对。为了方便检查，答题时每做完一道，都要在正确选项上画〇。这样考试后给自己算分的时候也更省事。

仔细检查答题卡，也是为了防止自己在拿到成绩之前胡思乱想。如果算分的时候突然意识到"答题卡可能涂错了"，那么在成绩公布之前心里都会觉得不踏实。

一个月以后才能知道成绩

大多数资格考试，一个月以后才公布成绩。这么长时间，心里一直悬着肯定很难受。我就曾因为某次考试没有检查答题卡，**即使算出来的分数过线了，心里也总是七上八下。**

为了避免这种情况，最后两分钟一定要检查一遍答题卡，让自己确信"答题卡没有涂错"。

第 6 章

我的资格考试经验谈——如何同时准备多项资格考试

最大的好处是"便于维持记忆"

如果你因为工作、家务或育儿没有太多时间学习，我的建议是"同时备考"，也就是一年备考多项资格。我曾用这种方法在两年里取得了 6 项资格。

第一年：房地产交易人（考试时间：10 月 21 日）、公寓管理人（考试时间：11 月 25 日）、管理业务主任（考试时间：12 月 2 日）。

第二年：二级理财规划师（考试时间：5 月 26 日）、商务法务鉴定考试（考试时间：6 月 30 日）、行政书士（考试时间：11 月 10 日）。

同时备考常被认为是"有勇无谋"的做法，这是一种误解。同时备考非但不是有勇无谋，反而能够极大提高我们考取资格的效率。

有人说，这样大概率会导致每一门都学不好，结果门门不及格。对此我有不同看法。我之所以决定同时备考，是因为我认为这样可以重复利用已经掌握的知识。

例如，房地产交易人考试中有许多民法问题，公寓管理人和管理业务主任考试也是如此。**"反正都要学，不如让学到的知识有更多用武之地"**，我决定同时备考，正是出于这种考虑。

学会的知识可以重复利用！

资格 A 与资格 B 的考点大量重叠！

考试间隔短，便于维持记忆

资格 A 在 10 月，资格 B 在 11 月

图 6-1　同时备考的好处

第一年先通过房地产交易人考试，第二年再挑战下一项资格，这样看似合理，**"维持记忆"的成本却非常高。**

房地产交易人考试设在每年 10 月，公寓管理人和管理业务主任考试设在随后的 11 月和 12 月。如果第二年再备考公寓管理人，**意味着在房地产交易人考试结束以后，我们需要把已经掌握的知识维持大约 1 年之久。**如果不去主动维持记忆，学过的东西最终都会忘掉，备考公寓管理人的优势也就荡然无存了。但如果在房地产交易人考试的一个月以后继续参加公寓管理人考试，就可以趁热打铁把备考房地产交易人时掌握的知识用上。

下面，我将以我的经验为例，为大家讲解如何做到同时备考并成功取得多项资格。

3 个要点，提高同时备考的成功率

同时备考，首先**要选出主攻资格**。因主次不分而导致全部考试以失败告终，是我们在同时备考时无论如何都应该避免的。为此，我们要选定一个志在必得的资格，并在这门考试上投入 99% 的精力。

我第一年的主攻资格是房地产交易人。所以在原则上，**我必须把绝大部分精力都投给它**。幸运的是，这门考试的日期排在了最前面。这就意味着在考试之前，我可以只专注于这一门的学习。房地产交易人考试结束后，我用一个月的时间集中备考了公寓管理人，之后又在公寓管理人考试结束后，用一周时间尽全力备考了管理业务主任。

这在别人看来或许有勇无谋，但我对自己很有信心。

1. 将重叠科目变成自己擅长的科目

我报考的几门考试全部要考民法这一科，所以在备考房地产交易人时，**我决定在民法上多下功夫，把它变成我擅长**

的科目。这样在准备后两门考试时，就不需要特意学习民法
了，省下来的时间可以用在其他科目上。

2. 让自己逐渐适应实战

多参加几场考试，可以让我们逐渐适应考场上的氛围。
实战的紧张感不同于模考，多经历实战有助于我们在正式考
试中获得更稳定的心态。

以我为例，第二次上考场时，我已经能感到自己比周围
的考生从容许多。

3. 非主攻资格，要抱着"得之我幸"的心态

同时备考，如何看待非主攻资格很重要。虽说是同时
备考，但基本上是把主攻资格当作唯一重要的考试去准备，
对其他考试的态度则类似于"为第二年踩点"。这样可以使
我们专注于主攻资格的学习，避免了"门门都不过"的情况
发生。

不过，既然已经交了报名费，得到了考试机会，在不影响主攻资格的范围内还是应尽力争取合格的。以这种心态去备考是最理想的。

对哪门考试都放不下，只会让精力分散，甚至导致主攻资格失利。确保能拿下主攻资格，在此基础上备战其他考试，同时备考"无风险、高回报"的诀窍就在于此。

第一门考试是主攻资格——一心备考主攻资格

下面，我将以我实际挑战过的考试日程为例，为大家讲解说明。

（1）房地产交易人（考试时间：10 月 21 日）；

（2）公寓管理人（考试时间：11 月 25 日）；

（3）管理业务主任（考试时间：12 月 2 日）。

首先一心备考房地产交易人

在 10 月 21 日房地产交易人考试结束之前，我的全部精力都在这门考试上，完全没有顾及其他考试。不过，我会有意识地让自己学好民法这一重叠科目。

房地产交易人考试结束后，我立刻开始备考公寓管理人。由于民法在备考房地产交易人时已经掌握，只需要维持记忆，学习重心便放在了与下一门考试有所重叠的"区分所有权法"（关于建筑物内专有区域及共有区域相关权益的法律）上。

　　之后，11 月 25 日公寓管理人考试结束后，我又开始转战管理业务主任考试。

　　此时距离考试只有一周时间，但由于民法和区分所有权法已掌握扎实，我便将学习重点放在了公寓管理合理化法（关于推进公寓管理合理化的法律）——这个相对容易得分的科目上，并在突击学习一周后参加了 12 月 2 日的考试。

　　像这样，同时备考几门科目有所重叠的考试，可以让学过的知识最大限度地派上用场。这种做法看似有勇无谋，但可以极大地提高我们的学习效率。

第一门考试不是主攻资格——非主攻资格，从考前一个月开始学习

那么，如果第一门不是主攻资格，同时备考会有困难吗？

的确，先考主攻资格会比较容易制订学习计划，不过在**后考的情况下也可以实现同时备考，**我就挑战过这样的考试日程：

（1）二级理财规划师（考试时间：5 月 26 日）；

（2）商业实务法务鉴定考试二级（考试时间：6 月 30 日）；

（3）行政书士（考试时间：11 月 10 日）。

之所以同时准备这 3 门考试，主要有两个原因：可以提高行政书士考试的成功率和提升大脑的工作状态。

1. 可以提高行政书士考试的成功率

主攻资格当然是行政书士。同时备考二级理财规划师和商业实务法务鉴定考试二级，原因在于可以拓宽知识面。

行政书士考试中有一个"常规知识"科目。该科目作为行政书士的门槛，如果得分不足 40%，即使其他科目取得满分，也会被判定为总成绩不及格。

"常规"二字听起来简单，涵盖面却非常之广，加之题目难度大，这一科通常被认为是拉低行政书士考试通过率的主要原因。为此，**我采取了同时备考其他法律系资格的战术，一来可以拓宽知识面，二来也可以顺带将其他资格拿下。**

2. 可以提升大脑的工作状态

经历了前一年的 3 门同时备考，我发现"高频率的考试可以让大脑变得灵活"。公寓管理人考试和管理业务主任考试之间只有一周时间，按理说这么短的时间是不够通过考试的。但是我最终通过了，原因在于从房地产交易人开始的长期学习**提升了大脑的工作状态，让我可以在正式考试中拿出最佳状态。**此外，高频率的考试也让我适应了考场上的紧张气氛，可以始终保持平和的心态。

经过这一年的学习，我切身体会到了同时备考带来的巨大好处。于是，第二年备考行政书士时，我决定先用二级理财规划师和商业实务法务检定考试二级给自己"热身"。

赛马领域存在着"试赛"的说法，即在最高赛事开幕的几周前进行条件类似的试跑，以便马匹能够在正式比赛中拿出最佳状态。

不妨想象一下：赛事一年才举办一次，马匹有没有可能在第一场比赛中就拿出最佳状态呢？想必是不可能的。所以要先进行几场"热身"赛，把状态 点点调整过来。

同时备考给我的感觉也是这样。多亏了前两场"热身赛"，轮到行政书士考试时，我的状态已经渐入佳境。

接下来，我想谈一谈具体是怎样的学习计划，让我在一年里取得了 3 项资格。

3. 非主攻资格，从考前一个月开始准备

虽然主攻资格的考试排在最后，备考时仍要以主攻资格的学习为主。

非主攻资格，从考前一个月才开始准备，其间还要同时学习主攻资格。以我的情况为例，我先用一个月时间同时学

习了行政书士和二级理财规划师，又利用随后的一个月同时学习了行政书士和商业实务法务鉴定考试二级。

这样备考，负担的确很重，所以在同时学习的两个月里，**分配给行政书士的精力全部用于"维持记忆"，只求做到不忘记已经学过的内容。**

不再学习新知识，而是以一定时间为周期，反复复习学过的内容，将记忆维持住。这样就**彻底消除了因备考其他资格而"忘记"已经掌握的行政书士考点的可能性。**

在此基础上，在可行范围内，备考二级理财规划师和商业实务法务鉴定考试二级。主攻资格毕竟是行政书士，所以不会在另外两门考试上花太多时间，只在条件允许的范围内进行准备。

行政书士以外的考试，即使没有通过也不必纠结，目标是尽力备考，考试当天一定赴考，才是同时备考应有的心态。

就结果来看，我连续两年3门考试全部通过。这两年里我没有请教过任何人，**知识来源只有市面上的真题和参考书。** 像我这样连大学都没有读过的人能够通过考试，完全

1 备考初期只学习主攻资格

2 非主攻资格的考试，从考前
一个月开始准备

3 同时学习期间，主攻资格只
求做到"不忘"

4 非主攻资格考试结束后，一
心准备主攻资格

图 6-2 "主攻资格考试在最后"的备考攻略

要归功于大量记忆法，以及利用市面上的教材背诵考点的学习模式。

　　在各种学习班和昂贵的教材大行其道的今天，我的经验证明了资格考试可以只靠书店里的真题和参考书就取得成功。

考试成功以前不许喝酒？不需要用额外的规则苛责自己

为了表明备考的决心，有的考生会为自己制订严格的规则，比如"通过考试之前不许喝酒"。我不建议大家这样做。

在备战中考和高考这类半强制的考试的时候，用严格的规则逼迫自己或许有效，但是**在备战"随时可以放弃"的资格考试时，这样做只会起到反效果。**万一破了戒喝了酒，强烈的自我谴责反而会令考生放弃考试。

第3章中曾讲道，为了让学习有始有终，**"尽量保持原有的生活习惯"**非常重要。打破工作和生活的规律，会给考生带来极大的心理压力。为了避免这种情况发生，我们要尽量保持现有的生活节奏，在此基础上实现向备考状态的平稳过渡。

写给考生的家人

我能够在短时间内取得 9 项资格，不光是因为找到了适合自己的学习方法，也是因为妻子给了我极大的支持。

当时没有孩子，就我们两个人生活。我这种既要工作又要备考的状态，其实非常需要妻子的包容。我最感谢妻子的就是她宽容地接纳了我的考生身份。

常有考生的家人问我："我能为他做些什么呢？"其实**最重要的不是"为这个人做些什么"，而是"怎样和这个人相处"。**

记得有一次我下班回到家时，已经被工作和备考的压力搞得烦躁不堪，没有心思和妻子一起吃饭，就跟她说"晚饭不吃了"。妻子很平常地说"嗯，知道了"，就自己吃了饭，我则在房间里学习。等到学习有了进展，我也踏实了下来，已经 12 点多了，妻子已经睡了。她大概是看我还在专心学习，就一个人安静地上了床。我觉得饿了，来到厨房，看到一个盖着盖子的锅。打开一看，里面是一锅放了好多蔬菜的咖喱，闻起来特别香。那一刻我突然醒悟了。

感谢妻子的体谅

那锅咖喱，其实是那天早晨上班前我说"想吃咖喱"，她才做的，也是为了我的健康着想，才放了胡萝卜和洋葱等许多蔬菜。这锅我要求做的，也是特意为我做的咖喱，我却因为心烦说不想吃就不吃了。

然而，妻子并没有和我理论，质问我"不是你要我做的吗"，而只是说"嗯，知道了"，温柔地包容了我。

意识到这一点，我心里涌起了对妻子的感激。

第二天，我诚恳地去和妻子道歉，她笑着说："放了一晚上，今天应该更入味了吧。"

我打心眼里感谢妻子。

也不光是这件事，备考那几年，我肯定没少因为压力大发脾气，但妻子每次都没有和我争吵，反而像安抚一个孩子那样用温柔的目光包容了我。

后来我问她当时的感受，她说："考生心情不好很正常，只要不算过分都能接受，（相处时）还和平时一样就好了。"

妻子包容了我的情绪，接纳了我。对于这样的妻子，我除了感谢还是感谢。

我想，妻子与我建立起的珍贵的情感关系，才是我能够在短时间内取得 9 项资格最重要的原因。

后记
改变我人生的恩人

　　首先再次感谢大家阅读本书。

　　在本书的最后，我想讲一个人，一个"改变了我人生的恩人"。

　　我出生在长野县南部的饭田市。那是一个以"苹果"和七年一度的"舞狮节"而闻名的地方。不过在我小时候，那里的"少子化"倾向非常严重。我上小学那年，全年级只有一个班，四十来个学生。在东京上过学的人一定会觉得难以置信吧。

　　我的小学历史悠久，常年秉承着长野县"无言清扫"的传统，在其号召下，学生们都能自觉保持校内清洁，非常优秀。

　　就是在上小学的时候，我遇到了改变我人生的朋友"阿拓"。阿拓是个性格开朗又有趣的男生。"红白机"热销那几年，他常来我家玩一款名叫"双截龙"的横版过关游戏。

当时我很普通，成绩中等偏上。阿拓脑子比我好使，考试经常能拿高分。但阿拓不是天生的好脑子，而属于那种靠踏实努力出成绩的好学生。

小学 6 年，我俩是同班。升初中时，我们这一带的孩子被集中起来分成了 4 个班，我俩没被分在一起。因为共同话题变少了，我们不再去对方家里玩。

我是网球部的，水平能进县大赛，所以毕业时选择了一所注重社团活动的高中。阿拓则进了当地成绩最好的高中，打那以后就断了联系。

高中毕业后，我进入职业学校学习游戏制作。我制作并发布在网上的视频里会出现大量"游戏梗"的动画效果，也是因为我曾想成为一名游戏制作人。

毕业后，我在机缘巧合下进入了一家房地产上市公司，并逐渐成长为业绩全国领先的销售员。至此，我还不持有任何职业资格，是个无证人员。不过说实话，因为我是业绩第一，而且升了职，我从不认为房地产交易人资格对我来说是必需品。

1. 阿拓在救死扶伤，我呢?

那段时间，Facebook（脸书）问世了并且很快流行起来，我也注册了账号。Facebook 有个功能叫"你可能认识的朋友"，会擅自从手机通讯录提取信息，把"可能认识的人"推送给你。

我不太喜欢这个功能，但偶尔能通过它看到"阿拓"的名字。我开始想，以前的朋友现在在干什么呢？于是抱着"随便看看"的心态点了进去。

阿拓成了一名医生，还是专攻癌症的医生。最近一条更新的消息，是他出席癌症研究会的照片。那一瞬间，我受了不小的打击。

我承认，阿拓从小就是个好学生，但是能当上医生，绝非靠寻常的努力，何况是专攻癌症的医生。他从事的是一项能够造福太多人的事业。

相比之下，我又如何呢？

我的确签下了不少合同。

但我甘于现状，不思进取。

我只能算是个业务熟练工罢了。

我真的甘愿这样下去吗？

我也想更努力，我也想成为对社会有用的人。

然而现在的我能有何作为呢？

一番自省后，第二天我就去书店买了房地产交易人的参考书。当时我还没有创造出大量记忆法，经历过最初的考试失利，我重新振作起来，在跌倒的地方证明了自己。

如果有一天再遇到阿拓，我要对他说："阿拓，谢谢你！"

如果没有阿拓这个童年挚友，如果没有随手点开他的Facebook，就不会有现在的我。阿拓一定不知道，我是受了他的影响才有了现在的成就吧。这就是改变了我人生的恩人，阿拓。

2. 写给未来的考生

这本书也许让你萌生了挑战职业资格的想法：

（1）想取得高级职称；

（2）想自我提升；

（3）想加薪；

（4）想创业；

　　（5）想找工作，想跳槽。

　　有想法的人不计其数，但大多数人只是"想想"而已，没有转化成行动。不过我相信，把这本书读到了最后的你是有能力付诸行动的。工作、求学、家务、育儿，可能每天都有一大堆事在等着你。即便如此，也想要去努力，想要去尝试，我想你一定能够迈出至关重要的一步。

　　当今时代，知识和信息已不再是最强大的竞争力，这些东西上网就能找到。**行动力和坚韧不拔的精神才是在这个时代生存下去必不可少的能力。**一个奋勇拼搏的人，可以成为无数人向上的牵引力。就像阿拓改变了我的人生那样。

　　俗话说"努力终有回报"。但是在一个真正为了本心而奋斗的人看来，这样的话可能多少有些"不负责任"。我在备考时也有过这种感受。

　　不过，在先后经历了成功与失败之后，有一件事我可以很确定地告诉大家：

　　"现在的努力不一定有回报。但如果你相信努力终有回报，并且能够确实地付出努力，那么总有一天你将得到属于自己的那份回报。"

　　我无法预测你今后每次挑战的结果。但我坚信你的努力一定会有收获。未来你还将学会很多东西，掌握很多知识，每一件都是你人生的财富。不论结果怎样，这都是毋庸置疑的事实。所以，就请你大胆地去迎接挑战吧！

最后，我想说的是：希望你"战胜考试"，而并非"通过考试"。

在考试当天可以自信地说"我已经尽到最大努力了"，考试结束后可以满意地说"我已经呈现了最好的自己"，便是"战胜考试"的意义所在。

感谢大家读到最后，谢谢！

2022 年 1 月

棚田健大郎